실패를 성공으로 바꾸는
주식투자의 기술

초보 투자자를 위한 부자아빠의 핵심 트레이닝

실패를 성공으로 바꾸는 주식 투자의 기술

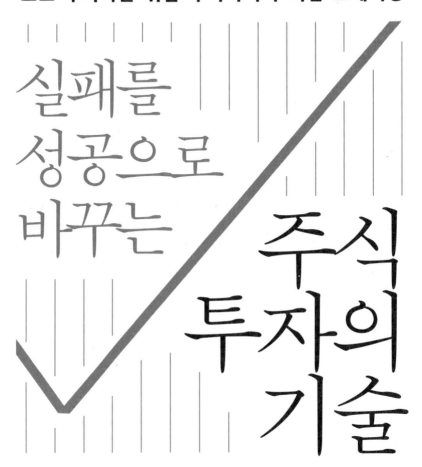

부자아빠 정재호 지음

프런트페이지
FRONTPAGE

일러두기

본문에서 소개하는 차트들은 대신증권의 차트를 활용했습니다.

추천의 글

처음 주식투자를 결심하게 된 계기는 만기 적금을 탄 날 찾아왔다. 1년 만기 적금을 들었던 나는 직장 생활을 하면서 돈을 아껴 매달 100만 원씩 저축했다. 드디어 만기일, 적금을 수령하고는 충격에 빠졌다. 1년간 힘들게 모은 적금의 이자 총액이 30만 원도 채 되지 않았기 때문이다. 이렇게 해서는 절대로 큰돈을 모을 수 없다는 생각이 들어 이때부터 펀드와 주식에 투자하기 시작했다.

2007년에는 시장이 좋아서 펀드와 주식으로 조금의 수익을 낼 수 있었다. 수익이 나는 것을 확인하니 조급해져서 결혼자금으로 모아 둔 돈까지 끌어와 LG전자, 기아, OCI홀딩스, HD현대미포 네 가지 종목에 거액을 투자했다. 절대로 망하지 않을 것이라 예상했으나 2008년 리먼 브라더스 사태가 터지면서 주식시장은 급락했고 내 계좌는 매일같이 마이너스 수익을 기록했다. -500만 원, -1000만 원, -2000만 원… 계속해서 추락하는 숫자를 확인할 때마다 마음이 무너져 내렸다.

이러다가는 전 재산을 날리겠다는 생각이 들어 주식 강의를 찾아 듣기 시작했고 한국경제TV 채널에서 처음 부자아빠를 만났다. 그가 전하는 깊이 있는 지식과 시원한 해설이 돌파구를 몰라 답답했던 내게 해답이 되어주었다. 종목을 교체하고 새롭게 포트폴리오를 설계해야 한다는 해결책을 알게 된 후에도 기존에 갖고 있던 종목들에 대한 미련 때문에 매도가 쉽지 않았다. 그러나 어떤 경우에도 내 생각을 버리고 공부해 투자하라는 부자아빠의 가르침을 떠올려 다시 시작하는 마음으로 공부하면서 포트폴리오를 과감히 조정했다. 엔씨소프트, 현대차2우B, 롯데쇼핑 등으로 종목을 교체하면서 마이너스로 멍든 계좌가 플러스로 전환되는 회복을 몸소 경험할 수 있었다.

6개월 동안 불철주야 주식 공부에 매진하면서 얻는 고통의 대가가 바로 수익이라는 사실을 깨달았다. 공부해서 투자하니 날렸던 결혼자금을 복구할 수 있었고 2009년에는 부자아빠 주식학교 명예의 전당 1기 자리에도 오르게 되었다. 부자아빠의 도움으로 한순간의 운이 아닌 평생 가는 시스템을 만들게 되자 용기가 생겨 전업투자자로 인생 2막을 시작할 수 있었다.

부자아빠의 주식투자 노하우는 도움이 간절했던 시기에 찾아온 한 줄기 희망이었다. 내가 그랬듯이 더 많은 이가 투자의 관점을 올바르게 바꿔 진정한 성장을 경험하기를 바란다. 이미 끝난 종목을 담고 수익이 나기만을 바라고 있다면 아무것도 달라지지 않는다. 이 책이 안내하는 쉽고 명확한 투자법을 배워 실천해 보자. 진실된 전문가 부자아빠의 노하우가 총망라된 유일한 책이다.

_신의한수

회사 동료의 권유로 주식투자에 입문해 1999년 한글과컴퓨터에 큰돈을 투자하면서 파산에 이르렀고 그 뒤로도 공부하지 않은 투자 때문에 세 차례 더 파산을 경험하면서 10억 가까이 손해를 봤다. 이 때문에 집을 잃었고 가족과의 관계도 무너져 지옥과도 같은 삶이 계속되었다. 전환점은 부자아빠의 무료방송을 본 이후 찾아왔다. 그 방송을 통해 꾸준한 수익을 도모하는 투자 원칙을 배워 실천해야 한다는 사실을 깨달았으나 급등주를 쫓으며 기존 종목을 손절하는 잘못된 습관을 끊어내지 못했고 또다시 투자에 실패하고 말았다.

2018년 미중 무역전쟁, 2019년 한일 무역분쟁, 2020년 코로나19 팬데믹 영향

실패를 성공으로 바꾸는 주식투자의 기술

으로 주식시장은 계속 조정을 받았고 내 계좌는 파란색으로 가득해지기 시작했다. '이렇게 또 실패하는 건가' 하며 절망에 빠져 있던 바로 그때, 부자아빠의 연락을 받았다. 무료방송을 보고 포트폴리오를 다시 짜라는 권유였다. 그러나 그때도 나는 찾아온 기회를 잡지 못했다. 주가를 믿고 기다려야 함을 알면서도 상승할 때는 더 오를 것 같고 하락할 때는 더 떨어질 것 같다는 생각에 욕심을 부리고 만 것이다. 한화에어로스페이스를 4만 원대에 샀다가 성급히 매도해 다시 16만 원에 사는 실수도 저질렀다.

"돼지가 하늘을 보는 방법은 넘어지는 것뿐이다"라는 말이 있다. 지나친 탐욕을 버리고 천천히 부자가 되는 길을 알려주는 부자아빠의 조언을 무시하고 쉽고 빠른 길만을 찾다가 수없이 실패를 맛봤다. 이제는 스스로 세운 원칙 없이 단기 이익을 바라고 매매를 반복하면 결국 실패할 수밖에 없다는 사실을 잘 알고 있다. 이 책에는 '종목별 투자 비중을 지키고 분산 투자한다'와 같이 손실 없는 투자로 나아가는 데 꼭 알아야 할 중요한 원칙이 구체적으로 제시되어 있다. 잘 모르는 채 주식을 사서 고생해 본 사람에게는 이 책에 담긴 부자아빠의 노하우가 좋은 길잡이가 되어줄 것이다.

《행운에 속지 마라》를 쓴 나심 탈레브는 이런 말을 남겼다. "러시안룰렛 게임에서 살아남은 2%가 큰돈을 벌었다고 해서 98%의 희생을 잊어서는 안 된다. 당신의 투자가 러시안룰렛 게임이 되어서는 안 된다." 과거의 나는 도박하듯이 투자하다가 깡통을 찼다. 행운에 속지 않는 이성의 힘을 발휘해야 실패를 딛고 성공할 수 있다. 부자가 되지 못하는 것은 충분한 돈을 벌 때까지 투자하지 않기 때문이라는 말이 있지 않은가. 현명하게 사서 차분히 기다림으로써 결실을 보는 팜 시스템의 혜택을 누리게 되기를 바란다.

_멘탈튼튼

종잣돈 200만 원으로 처음 주식투자를 시작한 1989년, 그때는 증권회사 객장에 나가 전광판에 뜬 시세를 확인하고 매매해야 하는 때였다. 그곳에서 나처럼 젊은 여자는 찾아보기 어려웠다. 주식투자로 200만 원을 500만 원으로 만든 경험 덕분에 자신감에 차 있던 나는 3000만 원 현금 뭉치를 들고 증권회사로 갔다. 많은 정보를 알고 있을 것이라 믿은 증권사 직원에게 상담을 받고 그가 추천한 신규상장 종목 이지텍에 의심 없이 몰빵 투자했다. 장이 좋았던 때라 마음 놓고 행복한 상상에 빠져 있었다. 그러나 이지텍 주가는 순식간에 폭락하고 말았다. 당시 3000만 원은 지방의 연립주택 한 채를 살 수 있는 큰돈이었다. 그렇게 돈을 몽땅 날려버리고 절망에 빠지고는 펑펑 울면서 주식 계좌를 없앴다.

세월이 흘러 2008년에 직장을 다니면서 부업에 뛰어들어 투잡을 뛰기 시작했다. 나만 바라보고 있는 두 아이를 생각하면 뭐라도 해야 했기 때문이다. 그러다가 부자아빠의 무료방송을 보게 되었고 유쾌하면서도 뼈 때리는 통찰이 내게 용기와 깨달음을 주었다. 그래서 다시 주식 계좌를 만들었고 부자아빠의 강의를 들으면서 투자해 조금씩 수익을 내기 시작했다.

이후 자신감에 넘쳐 어리석게도 부자아빠의 조언과는 반대되는 청개구리 같은 행동을 했다. 신용거래에 손을 댔고 마치 외상으로 소를 잡아먹는 식의 무리한 투자에 뛰어든 것이다. 초반에 제법 수익을 내자 공부가 충분하지 않았는데도 '내가 정말 잘하는구나' 하는 착각에 빠졌고 1000만 원을 벌면 1500만 원을 잃는 식의 역전이 반복되면서 계좌가 마이너스 수익으로 도배되기 시작했다. 암을 선고받아 받은 암 진단금으로 주식을 사는 일까지 저질렀다. 항암 치료 중에도 매매 중독에 빠져 8000만 원이라는 거액을 신용으로 매수했고 결국 이 선택이 나를 낭떠러지로 이끌었다. 이때가 2021년이고 당시 내가 투자한 종목은 대선 테마주였다. 고점을 찍은 직후 매수해 코로나19 팬데믹의 영향으로 폭락이라는 직격탄을 맞아 어마어마한 손실을 보고 만 것이다.

실패를 성공으로 바꾸는 주식투자의 기술

그제야 매매보다 공부가 우선이어야 하며 천천히 소액으로 투자를 시작해야 한다는 부자아빠의 가르침을 다시 떠올리게 되었다. 무지에서 비롯한 탐욕을 다스리기 위해 팜 시스템을 공부했고 저점에서 매수해 꾸준하고 안정적으로 수익을 불려가는 투자로 손실을 만회했다. 잘못된 투자로 얻은 마음의 상처는 부자아빠의 아낌없는 가르침과 격려 덕분에 점차 회복될 수 있었다.

방향을 잃고 낭떠러지 앞에 선 투자자들에게 부자아빠라는 스승의 조언을 따라 다시 올바른 길을 찾아가라고 이야기하고 싶다. 또 투자로 큰돈을 잃어보지 않은 이에게는 첫 단추를 잘 꿰는 것만큼 큰 행운은 없다는 사실을 알려주고 싶다. 진짜 경험과 공부로 시세관을 터득한 부자아빠의 통찰로 기본기를 다져 성공 투자로 나아가길 응원한다.

_홍화수분(덕소댁)

투자에도 씨를 뿌리는 농부의 자세가 필요하다

40여 년 넘게 주식투자를 하고 내 강의를 듣고 도움받았다는 사람도 많다 보니, 심심치 않게 주식투자를 시작하려는데 어떻게 하는 게 좋겠냐고 묻는 사람들을 만난다. 이 질문에 대한 나의 대답은 언제나 같다. "주식투자 시작하지 마세요." 아무런 준비도 없이 섣불리 시작했다가는 기대와 달리 손실만 보기 일쑤기 때문이다. 여기저기에서 주식으로 재미를 봤다는 사람을 쉽게 만날 수 있지만, 부푼 기대와 달리 주식시장은 초보자에게 따뜻한 곳이 아니다. 다른 사람의 이야기만 믿고 무작정 투자를 시작했다가는 들고 온 돈을 모두 수업료로 지불하게 될 것이다.

하지만 이미 시장에서 손실을 보아 쓰디쓴 고통을 경험하고 마음의 상처를 입은 사람이라면, 그래서 이번에는 절치부심해서 다시 도전하려는 사람이라면 내가 가진 노하우를 다 알려주고 싶다. 나 역시 지난 세월 동안 거친 바다와도 같은 주식시장에서 수많은 파도와 폭풍을 겪으면서 혹독한 마음고생과 몸고생을 했기 때문이다. 바람이 거세게 부는 주식시장에서 나도 대중의 심리에 따라 이리저리 휘둘리며 때로는 공포에 매도하고 탐욕에 매수하기도 했다. 그래서 누구보다 개인 투자자들이 깊이 이해되고 안쓰러운 마음이 든다.

이 책을 출간하는 이유도 이런 안쓰러움에서 기인했다. 최근 주식시장을 살펴보면 동학개미, 서학개미 할 것 없이 개인 투자자들 모두가 어려움을 겪는 실정이다. 국내 주식이든 미국 주식이든 과열된 종목에 뒤늦게 올라타 급락을 맞고, 꼼꼼히 공부하지 않은 종목에 다른 사람의 말을 믿고 들어갔다가 물리는 경우가 태반이다. 이렇게 큰 손실을 경험하면 사람들은 세 가지 경우 중 하나를 선택한다. 손절매하고 다시는 주식을 쳐다보지 않는 사람과 같은 실수를 반복하며 투기를 계속하는 사람, 그리고 실패로부터 배우고 성공 투자의 기회를 도모하는 사람. 당신은 어느 쪽이 되고 싶은가?

내가 이렇게 초보 투자자들과 실패를 경험한 투자자들의 마음을 잘 아는 것은 나 역시 초보 투자자 시절 실패를 거듭했기 때문이다. 나의 주식투자 인생 40여 년 중 초기 20년은 좌충우돌의 연속이었다. 좋은 종목을 발견하는 눈이 좋아 재미를 보기도 했지만 나라에 IMF 외환위기가 닥쳐 찾아온 시장의 위기에 휩쓸리기도 하고, 과욕을 부려 레버리지를 쓰다가 가진 돈을 다 잃기도 했다. 1980년대에 일찍 주식투자를 시작했던 나는 귀동 냥으로 투자를 시작해 욕심이 앞서 본전을 잃어도 시장을 떠나지 못했었다. 트레이딩 매매도 해보았고, 사람들에게는 우량주를 추천해 놓고 나는 급등주를 사기도 했다. 그 과정에서 아내와 딸들을 생활전선으로 내몰기도 했고, 나 역시 죽을 결심도 해보았다.

절망적인 순간들에 나를 다시 살린 것은 다름아닌 공부였다. 평범한 사람이 주식투자에서 성공하기 위해서는 공부가 선행되어야 한다. 나는 그것을 너무 늦게 깨달았다. 자본주의를, 시장을, 사람의 심리를 공부하며 주식투자에 대한 관점을 새로이 하자 그제야 보이지 않던 것들이 보이기 시작했다. 그 과정에서 내가 강하게 깨달은 것은 하나다. 주식투자에서 정말 중요한 것은 시장의 변동성에 흔들리지 않고 그 속에서 기회를 포착하는 능력이라는 점이다. 이를 깨닫고 씨를 뿌리고 열매가 맺기를 기다리는 농부의 마음으로 투자 마인드를 전환했다. 이러한 투자 마인드에서 비롯한 투자법이 바로 '팜 시스템 투자법'이다.

팜 시스템 투자법은 단 한 번의 대박 수익을 향한 욕심을 버리고 장기적인 성장을 도모하는 투자법이다. 나에게 팜 시스템

실패를 성공으로 바꾸는 주식투자의 기술

은 단순한 투자 전략을 넘어선, 인생의 철학이자 원칙이다. 나의 투자 인생 후기 20년 동안은 팜 시스템 투자법을 정립하고 검증하는 시간이었다. 이 과정에서 사람들이 소위 말하는 슈퍼개미가 되었고 나와 함께 팜 시스템 투자법을 도입한 사람들도 동네 부자가 되었다. 말 그대로 실패를 성공으로 바꾸는 투자법인 것이다. 이 시스템과 함께라면 역설적으로 폭락장은 이겨내고 급등장에는 함께 올라타는 안정적인 투자가 가능해지며, 이로써 평생수익을 창출하는 파이프라인도 만들어진다.

주식은 단순히 시세 차익을 노리는 도박이 아니라, 기다림 속에서 수확의 날을 맞이하는 농사와 같은 것이어야 한다. 공부를 게을리하지 않고 철저한 분석 아래 실현 가능한 꿈을 품을 때 우리는 마음 편한 투자자, 시장에 상처받지 않는 투자자가 될 수 있다.

이제는 당신 차례다. 이 책에는 지난 세월 동안 내가 경험한 주식시장의 본질과 그 속에서 터득한 전략이 담겨 있다. 단기적인 유행이나 테마에 흔들리지 않고 장기적인 성장과 인내를 통해 성공에 도달하는 방법을 전하려 했다. 많은 사람이 두려움과 탐욕 속에서 손실을 경험하지만, 팜 시스템은 이러한 본능을 거스르고 성장을 위한 씨앗을 뿌리도록 가르친다. 수많은 패닉장과 폭락을 겪으며 깨달았다. 위기는 결국 기회로 변할 수 있다는 사실을 말이다. 중요한 것은 두려움 속에서도 냉정함을 잃지 않고, 시장의 본질을 이해하며 기다리는 일이다.

주식투자는 단순한 돈벌이 수단이 아니다. 그것은 자기 자신과의 싸움이다. 자신의 감정을 다스리고, 시장의 소음에 흔들리지 않으며 끊임없이 자기만의 원칙을 지켜가는 과정에서 우리는 진정한 투자자로 거듭난다. 팜 시스템은 이 여정의 든든한 동반자가 될 것이다. 팜 시스템은 주식을 단기적인 이익을 위한 도구로 보지 않고, 장기적인 성장을 위한 씨앗으로 여긴다. 씨앗을 심고 물을 주며, 긴 시간을 기다린 후 열매를 거두는 과정이다. 이 과정에서 중요한 것은 바로 인내와 기다림이다. 많은 이들이 빠른 수익을 원하지만, 진정한 성장에는 시간이 필요하다. 나는 이 진리를 수없이 체험해 왔다. 누구나 주식투자에 성공할 수 있다. 하지만 아무나 성공하는 것은 아니다. 시장은 언제나 우리에게 기회를 주지만 그 기회를 잡기 위해서는 기다릴 줄 아는 지혜가 필요하다.

이 책을 통해 독자 여러분이 시장의 변동성에도 흔들리지 않고, 진정한 기회를 포착할 수 있는 용기와 지혜를 얻기를 바란다. 주식시장에서 가장 중요한 것은 단 한 번의 큰 수익이 아니라, 오랜 시간 동안 꾸준히 성장하는 힘이다. 팜 시스템은 여러분이 그 힘을 키울 수 있도록 돕는 소중한 도구가 될 것이다.

실패를 성공으로 바꾸는 주식투자의 기술

결국 우리가 투자로 얻기를 바라는 것은 행복한 미래와 편안한 노후다. 평범한 사람이 동네 부자가 되고 편안한 노후를 맞이하기 위해서는 시장과 자본을 이해하고 주식을 공부하는 수밖에 없다. 그러니 운을 바라지 말고, 준비하고 계획해서 인고의 시간을 견뎌보자. 여러분의 실전 투자에 이 책이 든든한 안내자가 되기를 희망한다. 이 책을 읽으며 뿌려나간 씨앗들이 웅장한 나무로 자라나길 기원한다.

차례

1장
평생수익을 만드는 팜 시스템 투자법

2장
팜 시스템 투자 포트폴리오 만들기

평생수익을 만드는
팜 시스템 투자법

Farm System Investment

성공하는 투자자는 무엇이 다를까

예측은 운이 아니라 공부에서 비롯한다

투자자들은 수익을 바라고 주식시장에 뛰어들지만 시장은 순순히 이익을 내주지 않는다. 가장 최근에 투자자들의 눈에 눈물 나게 한 사건은 지난 2025년 4월에 있었던 대폭락이다. 미국발 관세 전쟁의 후폭풍이 거세지면서 국내 주식시장은 물론이고 절대 무너지지 않을 것이라 생각했던 미국 주식시장이 큰 폭으로 하락했다. 이로 인해 국내 주식시장에는 더 이상 희망이 없다고 보고 미국 주식으로 넘어갔던 서학개미들은 모두 패닉에 빠졌다.

나는 그보다 앞선 2025년 1월부터 미국 주식을 팔아야 한다고 주장했다. 미국 주식의 대표 종목인 테슬라, 엔비디아의 시세가 너무 과열되었기 때문이다. 그러나 개인 투자자들은 17년 동안 미국 주식이 우상향하는 차트만 보아왔기에 미국 주식은 쉽게 무너지지 않는다는 확신을 가지고 있었다. 제대로 투자하는 사람이라면 차트가 계속 올라갈 때 기뻐하기보다 의심해야 한다. 나는 테슬라와 엔비디아가 고점에 도달했다고 보고 이 두 종목을 공매도 쳤고 그 결과 테슬라 공매도로 115% 수익을 냈다. 유튜브 라이브에서 계좌까지 공개했다. 또 한 번 예측에 성공한 것이다.

이렇듯 내가 시장을 예측하고 매번 큰 수익을 낼 수 있었던 것은 운이 좋아서가 아니다. 주식 전문가로 활동하고 있는 지금도 여전히 시세의 비밀을 탐구하고, 책을 읽으며 공부하기 때문이다. 공부하지 않는 투자자는 절대 수익을 낼 수 없다. 미국장의 조정을 예측할 때도 덧붙여서 계속했던 말이 역발상 투자의 대가 제시 리버모어Jesse Livermore의 책을 읽으라는 말이었다. 성공한 사람들의 투자법을 따라 하는 것이 실패의 확률을 줄이는 일이다.

실패를 성공으로 바꾸는 투자자의 습관

하지만 사람들은 주식 공부를 게을리한다. 전문가를 자처하는 사람들의 추천만을 좇으면서 자신이 공부를 하고 있다고 착각한다. 강의를 시작한 이후로 사람들에게 책을 많이 권했는데, 그 과정에서 투자를 10년 넘게 한 사람도 주식 관련 책을 한 권도 제대로 읽지 않은 경우가 많다는 걸 알게 됐다. 서울대 출신의 유명 강사 수업을 듣는다고 해서 모두 서울대에 가는 것은 아니다. 수업 내용을 예습하고 복습하며 스스로 공부하는 시간을 가져야만 성적이 오르는 법이다. 주식투자도 마찬가지다. 다른 사람의 분석을 듣는 것만으로는 투자의 기술이 발전하지 않는다. 성공 투자를 한 사람들은 모두 스스로 공부하는 습관을 가지고 있다.

대표적인 예가 일본 주식투자의 신이라 불린 고레카와 긴조다. 가난한 어부의 아들로 태어난 고레카와는 초등학교밖에 다니지 못했지만 평생에 걸쳐 치열하게 공부해 논문까지 읽어내는 능력을 키웠다. 그는 30대 초반에 사업 실패를 경험했을 때도 도서관에 틀어박혀 공부를 했다. 잘나가던 사업이 1927년 대공황 때문에 망하게 되자 자본주의의 수명이 다한 것은 아닐까 하는 회의가 들었던 것이다. 이 질문에 답을 찾기 위해 3년간 매일 도서관에 가서 자본주의와 세계 경제를 독학하며 철저히 연구한 끝에 자본주의는 결코 망하지 않는다는 결론에 도달했다. 그리고 1931년, 아내에게 70엔을 빌려 주식투자를 시작했다. 결과는 어땠을까? 첫해에 원금의 100배인 7,000엔을 벌어들이는 데에 성공했다. 풍문에 의존하지 않고 철저한 분석과 데이터를 기반으로 한 투자 전략 덕분이었다.

이후 고레카와는 주식시장을 떠나 다시 사업에 도전했지만 제2차 세계대전에서 일본이 패전하며 또 한 번의 파산을 경험했다. 사업에 실패해 거의 빈털터리가 되었을 때 그는 이미 60대에 접어들어 있었다. 여기서 그가 포기했다면 우리는 그의 이름을 몰랐을 수도 있다. 하지만 그는 63세의 나이에 다시 주식투자를 시작했다. 저평가 우량주를 저가에 매수해 장기 보유하며 큰 수익을 실현했는데, 이 덕분에 1981년 스미모토 금속광산 투자에 성공해 200억 엔을 벌어들였다. 이는 일본 소득세 납부 1위를 기록할 정도로 대단히 큰 성공이었다. 거짓 정보에 휘둘리지 않기 위해 스스로 공부한 결과기도 했다.

투자의 귀재라 불리는 워런 버핏도 끊임없이 공부하기로 유명한 사람이다. 그는 책 읽기의 중요성을 이렇게 강조했다. "매일 이렇게 500페이지를 읽어라. 지식이란 이런 식으로 작동한다. 복리 이자처럼 쌓이게 된다."

흔들리지 않는 성공 투자를 위하여

다시 미국 주식 이야기로 돌아가자면 내가 미국 주식시장의 조정을 예측할 수 있었던 것은 사람들의 집단화 경향을 파악했기 때문이다. '서학개미'라는 말 자체가 집단화다. 사람들이 미국 주식으로 몰려갈 때 나는 미국 주식이 상투라고 보았다. 성공 투자를 하려면 주변 사람들에 휩쓸리는 집단화에서 벗어나 분위기를 역행해야 한다. 이를 가능하게 하는 것이 공부다. 그리고 이미 당신은, 주식을 처음 시작하는 상황이든 실패를 맛보고 재기를 준비하는 상황이든 상황이 어떻든 간에 이 책을 읽고 있다는 건 공부를 시작했다는 뜻이니 성공 투자에 한걸음 더 가까워진 것이나 다름없다.

주식투자는 장기적인 관점에서 접근해야 한다. 급하게 부자가 되려고 할 필요가 없다는 것이다. 성공에 요령은 없다. 투자를 하다 보면 짜릿한 경험을 할 때도 있지만 그것은 일순간에 불과하다. 주식투자에도 땀방울이 필요하다. 이 책을 시작으로 꾸준히 공부하며 한발 한발 나아가면 당신의 계좌도 어느새 빨갛게 물들어 있을 것이다.

손실을 부르는
시장의 위험 요소

확실한 정보는 확실히 위험하다

주식시장에는 투자자의 판단을 흐리게 만드는 불필요한 정보와 뉴스들이 떠돈다. 수익을 바라는 간절한 마음을 이용하는 잘못된 정보들은 투자자들을 쉽게 속이고 결국 손실을 안긴다. 과거에는 증권사 객장에서 테마주에 관한 소문이 돌았다면, 지금은 인터넷을 통해 정보가 퍼진다. 출처는 알 수 없지만 겉으로는 그럴듯해 보이는 정보가 인터넷과 각종 토론방에서 더 쉽고 더 빠르게 퍼지는 것이다.

대부분의 경우 이런 정보를 퍼뜨리는 주체는 작전 세력이나 기업 내부자들인데 그들은 자신이 가진 주식을 매도하기 위해 소문을 퍼뜨린다. 그래서 회사의 상황이 나빠지더라도 주식의 가치가 떨어질까 봐 회사 사정이 나쁘다는 사실을 절대 밝히지 않으며 오히려 외부에 좋은 소식을 흘린다. 이 때문에 주식시장에서는 회사가 파산해서 문을 닫기 직전까지도 좋은 회사로 알려져 있다가 어느 날 갑자기 문제가 발생하는 경우가 많다. 이렇게 되면 결국 큰 손실을 입는 사람은 그 회사의 주식을 보유한 개인 투자자들이다.

따라서 투자 전략을 세울 때는 정보의 불확실성과 위험성을 고려해야 한다. 투자자들은 자신이 얻은 정보가 진실이라고 믿고 행동하지만, 오히려 그 반대인 경우가 많다. 인기 있는 종목에 관한 정보나 긍정적인 소문에 귀가 솔깃할 테지만 정보의 진위를 따져보는 일을 먼저 해야 한다. 구미가 당기는 종목이나 정보가 오히려 투자자를 속이는 잘못된 정보일 수도 있다는 사실을 명심해야 한다.

모름지기 현명한 투자자라면 스스로 판단할 수 있는 능력이 있어야 한다. 남의 말에 휘둘리거나 소문에 의존하지 말고, 차트와 데이터를 통한 철저한 분석으로 자신이 세운 투자 원칙을 지키는 것이 중요하다. 다른 사람의 의견에 따라 투자 결정을 내리다가 오히려 잘못된 방향으로 향하게 될 수 있다. 주식투자에서 중요한 것은 자신의 판단을 믿고, 이를 바탕으로 전략을 세우는 것이다.

모든 투자자가 수익을 내고 싶어 하지만 투자에 정답은 없기에 어려운 일이다. 주식투자는 필연적으로 불확실성을 동반할 수밖에 없다. 그 불확실성 속에서 진정한 가치를 찾아내는 일이 투자의 미학이다. 그런데 확실한 정답을 제공한다니, 그것이 책이든 강연이든 정보든 정답을 내세우면 믿지 않는 것이 좋다. 투자에는 리스크가 따르기 마련이다. 리스크를 피해 확실한 답을 찾으려는 태도가 오히려 손실을 초래할 수 있다.

또 뉴스나 광고에서 쉽게 얻을 수 있는 정보는 대개 대중에게 이미 알려진 정보다. 많은 투자자가 공짜 정보와 광고에 쉽게 현혹되며, 그로 인해 손해를 보게 된다. 신약 개발이나 특허 취득과 같은 과장된 소문에 현혹되어 잘못된 결정을 내리는 경우가 대표적인 사례다. 공짜 정보는 주가의 변동에 큰 영향을 미칠 수 있으며, 대중이 쉽게 접하는 정보일수록 신빙성은 낮다.

특정 종목이 갑자기 이슈로 떠오르면서 주가가 급등할 때, 이는 큰손들의 의도된 움직임일 가능성이 크다. 대중이 사고 싶을 때는 이미 너무 늦은 시점일 수 있다는 사실을 염두에 두어야 한다. 진짜 가치 있는 정보는 스스로 찾아내야 한다. 오랜 시간에 걸쳐 얻은 투자 경험과 분석이 진정한 정보를 만들어낸다.

모두가 아는 정보는 더 이상 중요한 정보가 아니며, 어렵게 얻은 정보만이 투자에서 승리를 이끄는 강력한 무기가 된다는 사실을 깨닫자.

만약 당신이 주식투자로 손실을 본 경험이 있다면 지난 투자를 돌아보자. 스스로 생각하고 결정했는가? 아니면 뉴스와 종목토론방을 통해 쏟아지는 정보를 그대로 믿고 투자했는가? 손실 없는 투자를 하고 싶다면 진짜 정보와 가짜 정보를 걸러내는 노력이 선행되어야 한다.

지금 당장 수익을 가져오지 못해 답답하더라도 정보의 이면을 보고 그 안에 담긴 진짜 의미를 파악하는 통찰력을 기르는 것이 중요하다. 주식투자는 장기적인 관점에서 바라보아야 하기 때문이다. 정보에 따라 투자하지 않고 정보의 맥락과 흐름을 분석하는 능력을 갖출 때 비로소 손실 없는 투자로 한 걸음 내딛게 될 것이다.

주식시장의 보이지 않는 힘

영국 정치경제학자 애덤 스미스는 보이지 않는 손이 시장의 가격을 결정한다고 말했다. 그런데 주식시장에도 보이지 않는 힘이 존재한다. 일명 '큰손'들이다. 개인 투자자들이 잘 모르는 사이에 큰손들은 주가를 조종하면서 시장을 움직인다. 예를 들어 보자. 2020년부터 지난 몇 년간 동학개미라 불린 개인 투자자들이 삼성전자 주식을 많이 매수했다. 그러나 삼성전자 주식은 그들의 기대만큼 수익을 가져다주지 못했다. 개인적으로 이는 큰손들의 계획적 전략의 일부였다고 분석한다. 큰손들은 고가에서 개인 투자자들에게 물량을 넘기고, 개인 투자자들이 지칠 때까지 기다려 다시 저가에서 매수하는 패턴을 반복한다.

허위 정보만큼이나 개인 투자자에게 쉽게 손실을 입히는 것이 큰손들의 작전으로 인한 주가 예측 실패다. 주가가 상승할 때 개인 투자자들은 쉽게 매수에 뛰어들지만, 이 시점에 큰손들은 주식을 매도한다. 큰손들은 주가가 하락할 때 매수하고 주가가 상승할 때 매도하는 방식을 취한다. 이런 주식시장의 흐름을 이해하지 못하면 손실을 볼 수밖에 없다. 앞서 언급했듯이 동학개미운동이 일어났을 때, 삼성전자가 꾸준히 상승할 것이라는 믿음을 지닌 많은 개인이 삼성전자 주식을 매수했지만 이 시기에 큰손들이 주식을 매도하면서 주가 하락이 시작됐고 이 때문에 개인 투자자들은 손실을 보게 되었다.

큰손들은 자신들의 이익에 맞게 주가를 조정한다. 이들은 주가를 올리거나 내리면서도 자신의 정체를 드러내지 않으며, 여

실패를 성공으로 바꾸는 주식투자의 기술

러 계좌와 이름을 사용해 거래를 분산한다. 이 때문에 개인 투자자들은 큰손의 움직임을 예측하기 어려우며, 그들의 전략에 따라 움직이는 주식시장에 대응하지 못해 손실을 보는 경우가 많다. 주식시장에서는 큰손을 이해하고 그들의 움직임을 파악해야 살아남는다. 슈퍼개미로 불리는 성공한 개인 투자자들은 큰손의 메커니즘을 이해하고, 그에 맞춰 자신만의 전략을 세운다. 하지만 개인 투자자 대다수가 이러한 사실을 깨닫기 전에 큰 손실을 경험하고 시장을 떠나버리고 만다.

잊지 말아야 할 것은 주가는 기본적으로 올라가고 싶어 한다는 특징이 있다는 사실이다. 기업이 주식을 상장하는 이유는 자금을 조달하고, 지분을 가진 사람들이 더 많은 가치를 얻길 원하기 때문이다. 주식시장에 상장된 기업들은 주식으로 더 많은 자금을 끌어모으고 이익을 얻기에 그들의 주가가 상승하기를 바란다. 주가는 상승할 잠재력을 가질 수밖에 없으며 개인 투자자들은 이를 이용해 수익을 낼 수 있다.

그러나 여기서 중요한 것은 지금까지 '써먹지 않은 종목'이 그렇다는 것이다. 주식시장에서 써먹지 않은 종목이란 큰손들이 아직 매집하지 않은 종목으로, 이러한 종목들은 시간이 지나면 상승할 가능성이 크다. 따라서 아직 큰손들이 충분히 매수하지 않았고 주가가 오를 여지가 있으며 오를 준비를 마친 종목을 발견하는 것이 중요하다. 이러한 종목들을 잘 찾아내 조금씩 매수하는 것이 주식투자에서 중요한 전략이다.

주식시장에서 성공하려면 개인 투자자도 큰손의 전략을 이해하고, 시세의 원리를 깨달아야만 한다. 많은 개인 투자자가 자신만 잘하면 쉽게 돈을 벌 것이라고 생각한다. 그러나 큰손들의 움직임을 모르면 필연적으로 손실을 본다. 단순히 숫자를 분석하는 것만으로는 볼 수 없는 그 이면의 것을 봐야 하기 때문이다. 그래서 주식투자는 쉬워 보이지만, 사실 오랜 시간의 경험과 공부가 필요한 어려운 일이다.

40년 동안 내가 주식투자를 하면서 느낀 것은 주식시장이 전쟁터와 같다는 것이다. 이곳에서 살아남기 위해서는 많은 경험과 신중한 판단이 필요하다. 투자하면서 돈을 잃고 실패하는 경험도 결국 주식투자를 배우는 과정 일부이며, 이런 과정을 거쳐야 시장의 흐름을 이해할 수 있다. 잊지 말자. 큰손의 움직임을 분석해 시장을 파악하고, 큰손의 시각에서 시세를 바라보며 그들의 흐름에 올라타는 것이 성공적인 투자로 이어진다.

투자의 본질을 꿰뚫는
팜 시스템 투자법

<u>팜 시스템이란 무엇인가</u>

오랜 기간 주식시장을 지켜본 결과 내가 내린 결론은 주식시장의 본질은 변하지 않는다는 것이다. 시장을 이루는 사람들의 집단 심리와 행동은 반복된다. 한때 삼성전자를 두고 '10만 전자' 열풍에 휩싸였던 것처럼, 최근에는 AI와 로봇 관련 테마가 사람들을 유혹하고 있다. 군중심리는 항상 새로운 테마와 유행에 쉽게 휘둘린다. 하지만 시세의 원리는 변하지 않으며 주식시장의 큰 흐름은 계속 반복되는 양상을 보인다. 그래서 군중심리를 따르다 보면 결국 무리한 투자로 실패를 반복하게 된다.

지금은 주식투자 강의도 하면서 개인 투자자들의 멘토로 활약하고 있지만 나도 투자 초기에는 큰 손실을 보았다. 그로 인해 다섯 번이나 파산했고 죽을 결심도 했었다. 깡통 차기 전, 시세의 원리를 잘 알지 못하면서도 그 원리를 터득했다고 믿었고 다른 개인 투자자들과 마찬가지로 빨리 돈을 벌고 싶다는 탐욕에 휘둘렸다. 신용거래를 활용해 특정 종목에 집중 투자하면서 찾아온 공포도 극복하지 못해 결국 파산에 이르렀다.

처참한 실패에서 벗어나 재기에 성공하는 과정에서 끊임없이 배우고 연구한 끝에 고안하여 정립한 것이 바로 '팜 시스템 Farm System' 투자법이다. 팜 시스템은 이름 그대로 마치 농부가 농작물을 관리하듯 주식을 관리하는 방식을 따른다. 농부는 씨를 뿌릴 때 금방 수확을 기대하지 않는다. 시기를 맞춰 씨를 뿌리고, 정성을 다해 물을 주고, 해충을 방제하며 인내심을 갖고 기다린다. 팜 시스템 투자도 마찬가지다. 기업의 가치를 분석하고 성장 가능성을 검토한 뒤 주식을 매수하고, 장기적인 성장을 기다린다. 이러한 과정에서 감정적인 매매는 철저히 배제된다.

주식투자는 행복하고 편안하게 해야 한다. 하락에 대한 두려움을 극복하고 마음의 여유를 갖기 위해서 내가 오랫동안 주장해 온 주식 투자법이 팜 시스템 투자법이다. 그것은 오랜 기간 동안 시장의 변동성과 투자자들의 심리를 연구하며 체득한 투자 원칙이다. 주식투자의 본질은 마치 농부가 씨를 심고 인내하며 기다린 끝에 풍성한 수확을 거두는 농사와 같은 것이다.

팜 시스템 주식투자의 핵심은 바로 장기적인 성장에 기반을 둔 원칙적인 투자에 있다. 주식시장은 언제나 불확실성과 공포, 탐욕이 혼재되어 있다. 이러한 변동성 속에서 냉정함을 유지하며 자신만의 원칙을 지키는 투자자만이 끝내 승리한다. 팜 시스템 투자법은 공포와 탐욕을 극복할 수 있는 안정적이고 체계적인 접근을 가능하게 한다. 그렇기에 개인 투자자가 시장을 이길 수 있는 유일한 방법이다. 따라서 현명한 주식투자를 꿈꾸는 사람이라면 반드시 익혀 실천할 것을 권한다.

이 시스템에서 중요하게 여기는 원칙은 4가지다. 첫째, 분산투자다. 한 종목에 모든 자금을 몰아넣는 것은 마치 한 밭에만 씨를 뿌리는 것과 같다. 만일 그 밭이 흉작을 맞으면 수확이 전무해진다. 팜 시스템은 다양한 산업군과 기업에 자금을 나눠 투자함으로써 리스크를 줄이고 기회를 다각화한다.

둘째, 팜 시스템은 전체 포트폴리오 중 일부를 현금으로 유지한다. 시장이 급락할 때 그 현금이 새로운 씨앗을 뿌릴 기회를 제공하기 때문이다. 위기는 언제나 기회로 다가오며, 준비된 자만이 그 기회를 포착할 수 있다. 투자 대가 제시 리버모어도 시장의 기회가 올 때까지 현금을 보유하며 기다리는 자세를 강조했다.

셋째, 기업의 펀더멘털을 분석한다. 팜 시스템은 단순히 시세와 차트에만 의존하지 않는다. EPS(주당순이익), ROE(자기자본이익률), 부채비율 등 기업의 재무 지표를 면밀히 분석하여 내재 가치가 있는 기업을 선별한다. 이러한 기업들은 일시적인 하락 속에서도 결국 본질적 가치를 인정받아 성장한다.

넷째, 심리적 안정과 인내심을 필요로 한다. 주식시장은 군중심리에 따라 출렁이지만 현명한 투자자는 이러한 소음 속에서도 자신만의 원칙을 지킨다. 공포 속에서 매수하고 환희 속에서 매도하는 것이 바로 팜 시스템의 핵심이다. 시장의 다른 이들이 두려움에 떨 때, 현명한 투자자에게는 그 두려움이 기회가 된다.

그래서 팜 시스템은 가치주와 성장주의 균형을 중시한다. 안정적인 가치주를 기반으로 포트폴리오를 지지하고, 성장주로 성장의 기회를 노린다. 이때 단기적 시세에 흔들리지 않고 기업의 성장성을 바탕으로 종목을 선정한다. 앞선 원칙에 따라 여러 종목에 분산 투자함으로써 리스크도 효과적으로 관리한다.

팜 시스템은 장기적으로 가능성 있는 종목에 분산 투자하기 때문에 심리적으로 안정된 상태에서 투자할 수 있다는 장점이 있다. 이 때문에 포트폴리오에 주도주를 담을 확률이 높아지고,

실패를 성공으로 바꾸는 주식투자의 기술

공포에 매수하고 환희에 매도할 수 있게 된다.

시장에는 수많은 정보와 소문이 떠돌지만, 진정한 투자자는 그 소음에서 한발 물러서서 본질을 본다. 앞서 이야기한 '확실한 정보는 확실히 위험하다'라는 말을 명심해야 한다. 대중에게 알려진 정보는 이미 가격에 반영되어 있으며, 진짜 가치는 대중이 관심을 두지 않는 시기에 숨어 있다. 주식시장은 군중이 공포에 질려 매도할 때 미래의 열매를 준비하는 자에게 보상을 안겨준다.

그러나 중요한 것은 시점을 맞추는 것이 아니라 시간의 지평을 넓게 보고 시간에 투자하는 시간을 견디는 것이다. 복리의 힘은 시간이 흐를수록 강력해진다. 팜 시스템은 바로 이 시간을 활용해 기업의 성장과 함께 투자 자산을 불린다. 앞서 말했듯 주식은 본질적으로 상승하려는 성질을 갖고 있다. 고레카와 긴조가 3년의 공부 끝에 내린 결론처럼 경제는 시간이 흐를수록 성장하며, 기업은 혁신을 통해 발전한다. 이 장기적인 상승 흐름 속에서 올바른 기업에 씨를 뿌리고 기다리는 것이 바로 팜 시스템의 본질이다.

자신만의 원칙을 세우지 못했거나 충분히 공부하지 않은 상태에서 투자를 시작하면 단기적인 유행이나 테마에 흔들리게 된다. 스스로 흔들리지 않을 자신이 없다면 원칙이 있는 펀드를 찾아 투자하거나 안정적인 시스템 매매를 따르는 것이 효과적이다. 팜 시스템은 인내를 엔진 삼은 시스템으로 흔들리지 않는 안정적인 투자 기반을 마련해 준다. 주식시장은 마치 계절이 바뀌듯 변화하지만, 팜 시스템의 원칙은 언제나 변함이 없다. 씨를 뿌리고, 가꾸고, 기다리면 언젠가 풍성한 수확의 날이 반드시 찾아온다.

장기 투자가 시장의 변동성을 이긴다

농부에게 인내심과 기다림이 필수듯이 주식 투자자에게도 성공적인 투자를 위한 인내심과 기다림은 필수다. 농부가 비바람과 가뭄을 이겨내야 하듯이 주식 투자자도 힘든 시기를 견뎌야만 좋은 시기에 큰 수익을 얻을 수 있다.

초보 투자자들이 흔히 겪는 어려움 중 하나가 큰손이 많이 올려 팔려고 하는 고점에 물리는 것이다. 주식시장에서 개인 투자자들이 우르르 몰려갔던 종목들을 살펴보면 공통점이 하나 있다. 예외 없이 아주 높은 가격을 형성하고 있다는 점이다. 카카오, 삼성전자, 에코프로비엠처럼 그 당시 인기 있던 종목에 투자한 사람 대다수가 극심한 고통을 겪고 있다. 사람들이 몰려

실패를 성공으로 바꾸는 주식투자의 기술

가는 종목으로는 큰 수익을 기대하기 어렵다. 그렇게 몰려가서 고점에서 매수한 후 아주 길고 힘든 고통을 경험하게 된다.

하지만 좌절할 필요는 없다. 주식시장에서의 실패와 고통은 배움의 과정이다. 많은 투자자가 손실을 경험하고 나서야 진정한 공부를 시작하게 된다. 손실을 겪어야만 더 나은 투자자가 될 수 있으며, 깡통 계좌를 경험한 후에는 성공적인 투자의 길을 찾게 된다.

성공적인 투자를 위해서 멀리해야 하는 것이 있는데 단기 투자, 즉 단타다. 자극적인 정보를 제공하는 유튜브 투자 방송이나 단타 관련 콘텐츠를 보고 투자에 나서는 것은 매우 위험한 행동이다. 단타 투자로 주식시장에서 성공하기는 매우 어렵다. 검증되지 않은 정보에 휘둘리기보다는 안정적인 장기 투자를 선택하는 편이 좋다. 진정한 투자는 자극적인 정보를 피해 철저한 분석과 계획을 바탕으로 이뤄진다.

주식시장에서 진정한 성공을 이루기 위해서는 인기 있는 종목이 아니라 아직까지 대중에게 주목받지 못한, 큰손이 매집하는 종목을 찾아야 한다. 남들이 관심 가지지 않는 종목이 오히려 더 큰 잠재력을 가지고 있으며, 장기적으로 부를 창출한다. 인기 없는 가치주에 장기 투자하면 시장의 변동성 속에서도 안정적인 수익을 기대할 수 있다. 성장주는 짧은 시간에 급격히 상승하지만 결국 하락한다. 인기 있는 종목들이 큰 하락을 맞이하고 나면, 가치주가 다시 시장에서 주목받는다. 가치주는 성장주가 하락하는 동안 오히려 상승할 수 있다.

팜 시스템 투자법은 장기적인 관점에서 복리의 힘을 활용하는 것이기 때문에 시간이 지남에 따라 더 큰 수익을 얻을 수 있다. 단기간 한탕을 바란다면 생각을 고치기를 바란다. 레버리지나 신용, 선물옵션과 같은 고위험 투자 방식을 선택하면 마음이 불안해져 인내심을 발휘할 수 없고 마음이 불안한 투자는 실패로 이어질 가능성이 매우 크다. 투자자는 자신의 위험 감수 능력을 명확히 이해하고 이에 맞는 안정적인 투자 전략을 세워야 한다. 수익이 난 계좌를 가지고 있어도 현재의 행복을 놓치고 있다면 결코 성공한 투자자라고 할 수 없다.

초보 투자자들은 소액으로 시작해 경험을 쌓아야 한다. 주식투자에서 중요한 것은 시장의 흐름을 이해하고 그 흐름에 맞춰 적절한 전략을 세우는 것이다. 인기 있는 종목에 몰리는 투자자들의 심리를 읽어내고 유튜브에서 제공하는 자극적인 정보들의 실체를 파악하는 훈련을 하면서 손실 때문에 겪게 되는 고통에 휩쓸리지 않고 진정한 기회를 발견하는 과정을 즐겨야 한다.

시장의 소음과 군중심리에 휘둘리지 말고, 자신의 판단을 믿는 연습을 하자. 댓글과 소문에 휩쓸리지 말고 냉철한 분석을

실패를 성공으로 바꾸는 주식투자의 기술

통해 투자 결정을 내려보자. 저점 매수를 위한 바닥을 찾으려면 시장의 분위기보다는 분석과 데이터를 믿고 기다리는 것이 중요하다. 이 과정에서 필연적으로 안 좋은 시장을 경험하고 판단 착오 때문에 실패를 맛볼 수도 있지만 좋은 시기와 나쁜 시기를 모두 겪으며 잘 견뎌내는 투자자만이 주식시장에서 승자가 될 수 있다. 팜 시스템 투자법이 그 승리의 길로 이끌어 줄 것이다.

실전 팜 시스템 투자를 위한 준비 5단계

1단계: 구체적인 투자 목표 설정

구체적인 팜 시스템 투자법을 알아보기 전에 투자자들이 점검해야 할 5가지 준비 단계가 있다. 첫 번째는 투자 목표를 구체적으로 설정하기 위해서 우선 자신의 재정 상황을 평가해 보는 것이다. 얼마나 오래 주식을 보유할 수 있는지, 손실을 감당할 수 있는 한도는 어디까지인지 명확하게 파악하는 것이 좋다. 예를 들어 1년 안에 유용해야 하는 자금을 주식에 투자하는 것은 위험하다. 주식시장은 예측할 수 없는 변동성을 가지고 있기 때문에 단기간에 수익은 물론 원금을 보존하는 일도 확신할 수

실패를 성공으로 바꾸는 주식투자의 기술

없기 때문이다. 그러므로 자신의 재정 상황을 꼼꼼하게 따져보고 투자 금액과 기간을 명확하게 설정하는 것이 중요하다. 투자금이 적으면 소액으로 꾸준히 투자해 적립식으로 모아가면 된다. 단, 소액 투자여도 큰손이 써먹지 않은 종목을 선택해 투자해야 한다.

그다음에 할 일은 선택한 종목의 수익 목표를 설정하는 것이다. 성공적인 투자를 위해서는 기대도 현실적으로 하는 것이 좋다. 한 종목에서 큰 수익을 기대하기보다는 여러 종목 분산 투자를 통해 장기적인 수익을 누적하는 것이 안전한 방법이다. 투자자는 목표 수익률을 설정하고, 그 목표에 도달했을 때 냉정하게 매도할 수 있는 결단력을 가져야 한다.

수익 목표를 정할 때는 가치주와 성장주를 구분해서 생각해야 한다. 가치주는 안정적이며 장기적인 수익을 목표로 한다. 주가가 서서히 상승하며 꾸준한 배당 수익을 제공할 가능성이 크다. 그래서 가치주는 일반적으로 기간 수익률을 비교적 낮게 설정한다. 성장주는 높은 수익을 기대할 수 있지만 그만큼 변동성이 크다. 고수익을 목표로 하지만 그 과정에서 큰 손실을 감수해야 할 수도 있다. 그래서 기간 대비 비교적 높은 목표 수익을 설정하는 것이 일반적이지만 고점에서 버블이 붕괴되면서 크게 하락할 가능성도 있어 리스크 관리가 반드시 필요하다.

리스크는 손절매 기준을 명확히 세우는 것으로 관리할 수 있다. 가치주로 분류되지 않는 성장주와 주도주 매매에 있어서는 손실을 볼 가능성을 최소화하기 위해 손절매 기준이 꼭 필요하다. 손절매는 주가가 일정 수준 이상 하락했을 때, 더 큰 손실을 방지하기 위해 빠르게 매도하는 전략이다. 이 전략은 심리적인 압박에서 벗어나 냉정한 판단을 할 수 있도록 도와준다. 제시 리버모어는 "손실을 키우는 것은 자살 행위"라고도 했다. 판단이 잘못되었으면 인정하고 손실을 잘라내야 한다. 시장 변동성은 피할 수 없는 요소지만 이를 예측하고 대비하는 것이 성공하는 투자자의 자세다. 다만 가치주 투자의 경우는 예외라고 할 수 있다.

목표를 설정할 때 고려해야 할 또 다른 요소는 투자 기간이다. 계속해서 강조했듯이 장기 목표를 설정한 투자자는 시장 변동성에 덜 영향받는다. 10년 이상의 장기 투자가 가치 투자에 적합하며 일시적인 시장 조정이나 하락에도 심리적으로 흔들리지 않을 수 있다. 그러니 장기적인 관점에서 계획을 세우고 목표를 설정하기를 바란다.

모든 검토가 끝났다면 이를 바탕으로 종합적인 투자 목표를 세우면 된다. 목표는 도전적이면서도 현실적이어야 한다. 너무 낮은 목표는 동기부여가 되지 않고, 너무 높은 목표는 과도한 위험을 감수하게 만든다. 따라서 자신의 능력과 시장 상황을 고려해 적절한 균형을 이루는 것이 중요하다. 이러한 균형을 토대로 장기적으로 안정적 수익을 얻는 투자 전략을 수립할 수 있다.

마지막으로 이렇게 세운 목표는 정기적으로 재평가하고 필요에 따라 조정한다는 원칙을 마음에 새겨야 한다. 투자 목표는 한 번 세워서 고정되는 것이 아니라 삶의 모습이 달라질 때마다 함께 변화해야 하는 것으로 인식해야 투자와 생활이 따로 놀지 않을 수 있다. 투자는 행복한 삶을 위한 것임을 잊지 말자.

2단계: 투자 자금 관리와 리밸런싱

장기적인 관점에서의 투자가 가능하려면 투자 자금 관리가 관건이다. 자금 관리에서 가장 중요한 전략은 분할 매수다. 자금을 한 번에 전부 들여서 투자하는 대신, 여러 번에 나눠서 매수함으로써 시장의 변동성에 대응하는 것이다. 이는 평균 매수 단가를 낮추는 데도 도움이 된다.

분산 투자라 하면 투자 종목의 수를 늘리는 것만을 떠올리는 사람이 많겠지만 단순히 종목을 나누어 투자하는 것이 아니라 산업과 지역 그리고 투자 방식까지도 나누어 투자하는 것이 진정한 분산 투자다. 예를 들어 국내 주식뿐만 아니라 해외 주식, 채권, 부동산 투자 신탁REITs 등 다양한 자산에 투자함으로써 전체적인 포트폴리오의 안정성을 높이는 것이다.

자금 관리에 있어 또 다른 중요한 전략은 리밸런싱이다. 시간이 지남에 따라 각 종목의 수익률이 달라지기 때문에 포트폴리오의 비중이 변화하게 되는데, 주기적으로 원래의 목표 비중으로 조정하는 노력이 필요하다. 이는 위험을 관리하고 장기적인 수익을 최적화하는 데 도움이 된다.

자금 관리를 효율적으로 하기 위해서는 시장 상황에 따라 유연하게 대응하는 자세가 필요하다. 시장이 급락할 때는 추가 매수의 기회로 삼고, 급등할 때는 일부 수익 실현을 고려할 수 있다. 이러한 유연한 접근은 장기적으로 더 높은 수익을 달성하는 데 도움이 된다. 이것이 가능하려면 비상 자금을 확보해 두어야 한다. 나는 항상 일정 금액의 현금을 보유하고 있어야 한다고 주장하는데, 비상 자금이 있어야 시장의 변동성에 대응할 수 있기 때문이다. 예상치 못한 기회가 왔을 때 신속하게 매수할 수 있고, 긴급한 상황에서 주식을 강제로 매도해야 하는 상황을 피할 수 있다.

특히 팜 시스템 투자법은 포트폴리오 구성 시 시세의 원리로 장기간 시세를 냈던 종목들은 배제하고 앞으로 상승할 확률이 높은 종목들을 포트폴리오에 편입함으로써 장기적으로 시장 상승률을 초과할 수 있다는 장점이 있다.

3단계: 투자 성향 파악

사람마다 성격이 다르듯이 주식 투자자의 투자 스타일도 천차만별이다. 여러 위험과 고난이 도사리는 시장에 무작정 뛰어들었다가는 자신도 몰랐던 자신의 새로운 모습을 만나게 될지도 모른다. 감정에 휘둘려 잘못된 결정을 내리기 전에 자신의 투자 성향을 파악하는 일을 투자 전략의 기초로 삼자.

투자 성향은 크게 공격형, 방어형, 중립형으로 구분할 수 있다. 먼저 공격형 투자자는 높은 수익률을 추구하며 리스크가 큰 종목에 과감히 투자한다. 그들은 미래의 성장 가능성에 베팅하기 때문에 종종 높은 리스크를 감수해야 하고 단기적인 변동성에 크게 영향받는다. 반대로 방어형 투자자는 안정성을 최우선으로 한다. 이들은 시장의 변동성보다는 꾸준한 성장을 목표로 하며 대부분 우량주나 안정적인 배당주에 집중한다. 이 두 성향을 절충한 중립형 투자자는 안정적이면서 적정한 수익을 기대하는 전략을 선택한다.

자신의 투자 성향을 분석할 때 우리가 의지할 것은 우리의 기억력뿐이다. 얼마나 많이 기억하고 있느냐도 중요하지만 얼마나 정확하게 기억하고 있느냐도 중요하다. 과거의 선택을 있는 그대로 기억하지 않고 포장하거나 변명하려 하면 자신의 성향을 정확하게 알 수가 없다. 그래서 주식투자는 기억력과 분석력의 싸움이라고도 말할 수 있다. 과거 자신의 선택을 냉정하게 바라보고 그로 인한 성공과 실패를 기억하며 과거의 경험에서 배운 교훈을 잊지 말아야 한다. 이를 기반으로 자신의 성향을 파악하고 투자 결정을 내려야 한다.

　　투자 성향 분석에서 중요한 역할을 하는 또 다른 요소는 위험 감수 능력이다. 투자자마다 위험을 감당할 수 있는 능력의 정도가 다르기 때문에, 자신의 위험 감수 능력을 정확히 파악해야 하는 것이다. 예를 들어 안정적인 직장과 충분한 비상금을 가진 투자자는 더 높은 위험을 감수할 수 있을 것이다. 반면 불안정한 수입원을 가진 투자자는 보다 보수적인 접근이 필요할 수 있다.

　　앞서 설정했던 투자 목표와 기간도 성향을 결정짓는 중요한 요소다. 단기적인 수익을 목표로 하는 투자자와 장기적인 자산 증식을 목표로 하는 투자자의 투자 성향은 다를 수밖에 없다. 은퇴를 위해 20년 이상의 장기 투자를 계획하는 투자자는 단기적인 변동성을 감내하면서 더 높은 수익을 추구할 수 있을 테지만, 당장 1년 뒤 부동산 매매를 계획하는 투자자는 변동성을 감당하기 힘들 것이다.

마지막으로 투자 성향은 투자 목표와 마찬가지로 살아가면서 변할 수 있다는 것을 이해할 필요가 있다. 나이가 들어감에 따라, 또는 결혼과 출산 등 인생의 중요한 사건을 겪음에 따라 생각과 능력에 변화가 생겨 투자 성향 역시 바뀌게 된다. 그러니 투자를 할 때 전과 같은 결정을 내리는 것을 주저하게 된다면 자신의 성향을 재평가하는 시간을 갖는 것이 좋다.

투자 성향을 잘 파악하는 것이 중요한 이유는 자신의 성향에 맞는 투자를 할 때 자신감이 생기고 비로소 원칙을 세울 수 있기 때문이다. 이것이 선행되어야 단순한 판단에 의존하지 않고, 더 체계적이고 안정적인 투자를 이어갈 수 있다. 그러니 자신의 감정과 투자 성향을 자세히 들여다보고 정확히 이해해 그에 맞는 투자 전략을 세워라. '지피지기 백전백승'이라는 말도 있지 않은가. 자신에 대한 이해가 시장의 변동성 속에서도 흔들리지 않는 투자자가 되는 데 도움을 줄 것이다.

4단계: 승리하는 투자 마인드 세팅

    목표를 설정하고, 투자 자금을 준비하고, 성향을 파악했다면 이제는 험난한 주식시장에서 승리하는 투자 마인드를 세팅할 차례다. 주식투자는 그 무엇보다 자신과의 치열한 싸움이라고 말하고 싶다. 철저한 준비와 꾸준한 공부, 그리고 감정 조절이 가능할 때 주식시장에서 성공할 수 있다. 주식을 통해 부자가 되고 싶다면 원칙을 지키고 장기적인 투자 전략을 세워야 한다. 주식시장에서 성공은 우연이 아니라 철저한 준비와 인내에서 비롯된 것이다.

    앞서 강조했듯이 주식시장에 처음 입문한 사람들에게는 독서가 필수적이다. 3개월 동안 관련 서적을 읽고 나서야 비로소 주식시장에 본격적으로 뛰어들 준비를 갖추게 되는 것이다. 이론 공부를 마쳤다면 실전 투자에 도전해 경험을 쌓으며 투자에 대한 감각을 기르고 시장에 대한 공부를 이어가야 한다.

    많은 투자자가 주가가 하락한 종목을 손절해 돈을 잃은 뒤 좌절하는데, 이는 시작에 불과하다. 주식시장은 복잡하고 혼란스러운 곳이다. 마치 험난한 산을 오르듯이 극복해야 할 오르막과 내리막이 도사리고 있다. 그러므로 주식투자를 잘하려면 올바른 원칙, 가이드가 필요하다. 순조로운 관광을 위해 가이드가 필요하듯이 말이다.

　초보 투자자들은 인기 종목에 쉽게 몰려가고 빚을 내서 하는 투자, 미수금 투자 같은 위험한 방법을 사용하는 실수를 범한다. 종목별 투자 비중을 조절하고 무리하게 투자하지 않는다는 기본 원칙을 따르지 않고 이렇게 상황에 휩쓸려 결정을 내렸다가는 결국 모든 것을 잃게 된다. 입시를 준비하는 학생이 체계적인 학습 가이드 없이 시험을 준비하면 좋은 성적을 기대하기 어려운 것처럼, 손실을 방지하고 투자에 성공하기 위해서는 직접 공부해서 정리한 원칙들을 가이드 삼아 투자를 이어나가야 한다.

　주식시장은 냉혹하기 때문에 원칙을 지키지 않고 단순한 욕심만으로 투자한다면 실패할 수밖에 없다. 욕심을 다스리기 위해서는 자신의 감정을 통제하는 법을 터득해야 한다. 그래서 앞서 투자 자금을 관리하고 분산 투자 전략을 사용해 리스크를 줄이는 것의 중요성을 언급한 것이다. 눈앞에서 자신의 자산 가치가 떨어지는 것을 보면 어느 누구라도 이성의 끈을 붙잡고 있기가 어렵다. 안정적인 투자 전략과 감정 조절은 함께 움직인다. 주식투자에서 중요한 것은 단순한 기술이 아니라 올바른 마음가짐과 심리적 안정이다. 감정을 요동치게 만드는 투자는 실패할 경우 마치 투자자 자신이 주식시장에서 '깡통'이 된 것처럼 빈털터리가 될 위험에 처하게 만든다.

결국 험난한 시장에서 승리하는 투자 마인드는 꾸준한 공부로 올바른 원칙을 세우고 감정에 휘둘리지 않으며 원칙을 사수하는 것이다. 성공한 투자자들은 모두 이러한 마인드로 투자에 임한다. 자신의 지식과 경험 범위 안에서 투자하고, 필요하다면 수익이 난 계좌를 공개한 전문가의 조언을 구하는 것도 좋은 방법이다. 지속적인 학습과 경험 축적을 통해 투자 능력을 향상시키는 것이 장기적인 성공의 열쇠다.

5단계: 충분한 연습 후 첫걸음 내딛기

요즘은 스마트폰의 애플리케이션으로도 손쉽게 매수와 매도를 할 수 있어 주식투자의 문턱이 무척 낮아졌다. 그러나 이렇게 충분한 준비 없이 바로 실전에 뛰어들다 보니 대다수가 손실을 경험하고 심각할 경우 가정이 파탄 나는 지경에 이르는 사람도 있다. 하지만 실패 자체가 문제인 것은 아니다. 주식투자에서 실패는 피할 수 없는 일이다. 그러니 실패 자체를 두려워할 필요는 없다. "두 번 깡통 나지 않으면 진정한 고수가 될 수 없다"라는 말이 있을 정도로, 실패는 주식투자에서 중요한 경험이다. 나 또한 다섯 번이나 깡통이 난 경험이 있다.

두려워할 것은 준비 없이 뛰어들어서 깡통이 나는 일이다. 그렇다면 어떻게 해야 깡통과 멀어지는 투자로 성공할 수 있을까? 초보 투자자라면 많은 금액을 투자하기보다 아주 적은 금액으로 한 주, 두 주씩 매매해 보며 경험을 쌓는 것이 중요하다. "애걔, 그렇게 조금 매수해서 언제 수익 내나요?" 묻는 말은 아직 주식시장을 이해하지 못하고 허황된 수익만을 추구하기 때문에 하는 말이다. 운전면허를 따지도 않고 택시를 몰려고 하는 것과 같다. 이런 말을 하는 사람은 반드시 깡통을 경험한다.

그리고 초보자일수록 특히 분산 투자할 수 있어야 한다. 한 종목에 모든 자산을 '몰빵'하는 것은 매우 위험한 일이다. 여러 종목에 자금을 분산시켜 리스크를 줄이는 것이 안전한 투자 방법이다.

주식투자는 평생 함께해야 하는 긴 여정이다. 단기간에 승부를 보는 일이 아니기 때문에 조급해하지 말고 제대로 시작하기 전에 충분한 연습 과정을 거치는 것이 좋다. 주식투자는 중독성이 있기 때문에 한번 들어가면 빠져나오기가 어려운 것도 사실이다. 그런데 30년 이상 주식에 투자한 사람 중에도 아직까지 수익을 내지 못하고, 손실만 보고 있는 이들이 많다. 준비되지 않은 상태로 뛰어들어 투자를 하는 과정에서 공부하고 학습하기를 멀리했기 때문에 생긴 결과다.

  내가 이렇게 공부와 준비, 연습을 강조하는 이유는 주식투자가 종합예술이기 때문이다. 차트나 재무제표만으로는 주식시장을 알 수 없고, 부분이 아니라 시장 전체를 볼 수 있는 시야가 필요하다. 한 발짝 물러서서 주식시장을 전체적으로 바라볼 수 있는 눈을 갖추어야 한다. 그러기 위해서는 경제학뿐만 아니라 인문학과 심리학 공부도 매우 중요하다. 결국 사람의 심리가 주식시장을 움직이기 때문에 인간의 본성과 심리를 이해하는 노력이 필요한 것이다. 성공적인 투자자들은 심리학을 공부해 군중심리에 휘둘리지 않고 자신의 투자 철학을 지켜나간다.

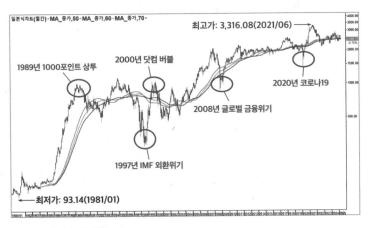

| 종합주가지수 월간차트 |

시장의 변동성에 의연해지려면 투자의 역사를 공부하는 것도 도움이 된다. 과거의 주식시장 패턴을 이해하면 앞으로 다가올 위기 상황에 대비할 수 있다. 1929년 대공황과 2000년대 닷컴 버블, 2008년 글로벌 금융위기 등 위기의 역사는 반복되고 이러한 사건들은 투자자들에게 중요한 교훈을 남긴다. 과거를 돌아보면 언제나 위기 속에 큰 기회가 있었음을 알 수 있다.

일본의 주식투자 전설 고레가와 겐조는 철저한 준비와 공부가 뒷받침된다면 나이와 상관없이 언제든 얼마든지 투자에 성공할 수 있다는 것을 보여준 사람이다. 그의 이야기는 나이 든 투자자들에게 큰 희망이 된다.

주식투자는 나만의 사업이기도 하다. 적은 금액으로 시작해 꾸준히 공부하면서 장기적 관점에서 투자해야 이 사업을 성공시킬 수 있다. 그러니 책을 읽고 공부하면서 기다려라. 기회는 반드시 온다.

2장

팜 시스템 투자
포트폴리오 만들기

Farm System Investment

태양이 비추는
종목을 선택하라

산업의 거대한 흐름을 파악하라

'종목 선택'은 성공적인 주식투자를 위한 첫 단계다. 어떤 종목을 선택하느냐에 따라 투자 성과가 크게 달라지기 때문이다. 종목을 잘못 선택하고 나면 이후 아무리 노력해도 좋은 결과를 얻기 어렵다. 그래서 주식시장에서 투자할 종목을 선택한다는 것은 단순히 종목을 매수하는 것 이상의 의미를 지닌다. 저렴하다고 무턱대고 매수하면 안 되고 기업의 가치와 경쟁력, 성장 가능성, 시장 흐름, 산업 트렌드 그리고 자신의 투자 스타일 등을 모두 고려해 신중하게 선택해야 한다.

종목 선정에 있어 팜 시스템의 원칙을 따른다면, 가장 먼저 해야 할 일은 시장의 흐름과 트렌드를 철저히 분석하는 것이다. 성장하는 산업과 쇠퇴하는 산업에 관해 정확히 알고 있어야 한다. 뉴스에 등장한 사건과 이야기에 이리저리 휘둘리면 안 된다. 장기적인 관점에서 산업의 거대한 흐름을 보려는 노력이 필요하다. 투자 경력이 오래된 나도 여전히 시장을 살펴보고 그 안의 흐름을 파악하려는 노력을 게을리하지 않는다. 그렇게 해서 얻은 인사이트를 유튜브 강의에서 나누고 시시각각 점검하며 업데이트하고 있다.

성장 산업에 속한 기업들은 일시적인 조정을 겪더라도 장기적으로 큰 성장을 기대할 수 있기 때문에 주목하고 있어야 한다. 최근 들어서는 바이오 생명공학 기술, AI, 첨단 반도체 기술, 클라우드 컴퓨팅 등 기술 관련 기업들이 크게 관심받고 있다. 특히 전 세계적으로 바이오 산업이 빠르게 성장하고 있는데, 이는 건강과 장수에 관심을 갖는 이들이 늘었고 코로나19 팬데믹 이후 헬스케어와 바이오 기술 수요가 급증했기 때문이다.

코스닥은 과거 중소형 기술주가 주도하는 시장이었으나 최근 몇 년간 바이오 종목들이 시장의 주도주로 떠오르고 있다. 우리나라 코스닥 시장에서도 코스피 시장의 삼성바이오로직스와 같은 주요 바이오 종목들이 기록적인 성장을 보여주고 있으

실패를 성공으로 바꾸는 주식투자의 기술

며 이에 따라 우리나라 정부도 바이오 산업의 경쟁력을 높이기 위해 세제 혜택과 규제 완화를 추진하고 있다. 이러한 정책적 지원은 바이오 기업의 성장을 가속화하는 중요한 요소로 작용한다. 바이오 산업 외에도 K뷰티와 K원전, K조선, K방산, K팝 같은 섹터에서도 혁신과 성장성을 앞세운 주도주가 등장하고 있으며, 높은 성장 잠재력을 가진 것으로 평가되고 있다.

과거의 데이터를 분석해 향후 주도할 가능성이 있는 산업을 예측할 수 있지만 과거의 성공만을 보고 무작정 투자해서는 안 된다. 시장 변화에 대한 대응 능력도 중요하게 보아야 한다. "시장이 바뀌면 마음도 바뀌어야 한다"라는 격언처럼, 한때 주목받던 산업이 더 이상 미래를 보장하지 않을 수 있으므로 상황에 맞춰 빠르게 투자 전략을 조정할 수 있어야 한다.

국내 상황뿐만 아니라 글로벌 경제 동향과 정치적 상황을 고려하는 것도 종목 선정에 있어 중요한 요소다. 국제 무역 관계, 환율 변동, 정부 정책은 특정 산업이나 기업의 성과에 큰 영향을 미칠 수 있다. 따라서 이러한 거시적 요인들을 종합적으로 분석하여 종목을 선정하는 것이 실전 투자에서 성공할 수 있는 핵심 전략이다.

산업의 흐름을 파악하면서 해야 하는 또 다른 중요한 일은, 주가의 흐름뿐 아니라 기업의 연구개발R&D 능력과 파이프라인을 살피는 것이다. 바이오 종목을 예로 들면, 치료제와 백신 개발에서 획기적인 성과를 내는 기업은 큰 폭의 주가 상승을 경험한다. 하지만 연구개발이 성공하지 못하거나 임상시험에서 실패할 경우 주가가 급격히 하락할 수 있다는 리스크가 존재한다. 따라서 바이오 종목에 투자할 때는 기업의 재무 상태, 임상시험 성공 가능성, 파이프라인의 혁신성 등을 종합적으로 분석해야 한다.

팜 시스템에서는 여러 산업에 걸쳐 종목을 선정하기를 권장한다. 단일 산업이나 섹터에 집중하지 않고 다양한 분야의 종목을 선택함으로써 전체적인 리스크를 분산할 수 있기 때문이다.

재무 지표, 박스권 돌파 종목에 주목하라

팜 시스템의 핵심은 종목을 장기적으로 관리하면서도 적절한 타이밍에 매수와 매도를 반복하는 것이다. 이를 위해서는 시장의 흐름을 주의 깊게 관찰하는 것만큼 기업의 펀더멘털을 철저히 분석하는 것이 중요하다. 기업의 펀더멘털이란 수익성, 성장성, 재무 건전성 등을 포괄하는 기업의 기초 체력을 의미한다. 이를 분석하면 단기적인 시장 변동성과 무관하게 기업이 지

실패를 성공으로 바꾸는 주식투자의 기술

속적으로 성장할 수 있는지 판단할 수 있다.

기업 분석에서는 ROE(자기자본이익률), EPS(주당순이익), PER(주가수익비율) 등의 지표를 통해 기업의 재무 상태를 파악할 수 있다. ROE는 기업이 주주의 자본으로 수익을 얼마나 냈는지를 알려주는 지표다. 일반적으로 15% 이상이면 높은 수익성을 가진 기업으로 평가한다. EPS는 기업이 한 주당 얼마나 많은 수익을 창출했는지 보여주는 지표다. 기업의 규모와 상관없이 1주당 수익을 알려주는 지표이므로 기업과 기업 간의 수익을 비교할 때 유용하다. PER은 현재 주가가 기업의 수익 대비 얼마나 높은지를 나타내는 지표다. PER이 너무 낮으면 성장성이 부족할 수 있고, 너무 높으면 거품이 낀 것일 수 있다.

ROE(자기자본이익률)	(당기순이익 ÷ 평균자기자본) × 100
EPS(주당순이익)	$\dfrac{\text{당기순이익}}{\text{총발행주식수}}$
PER(주가수익비율)	$\dfrac{\text{주가}}{\text{주당순이익}}$

| ROE, EPS, PER 산출법 |

실적이 꾸준히 증가하는 기업은 당장의 주가가 저평가되어

있더라도 미래에 큰 수익을 안겨줄 수 있다. 그러나 재무 지표를 통한 분석만으로는 기업의 미래를 완벽히 예측할 수 없으므로 기업의 경쟁력도 고려해야 한다. 해당 기업이 시장에서 어떤 위치를 차지하고 있는지, 경쟁사들과 비교했을 때 어떤 강점이 있는지 파악해야 한다. 특허 기술을 보유하고 있거나 브랜드 가치가 높은 기업이라면 장기적으로 더 높은 성장 가능성을 기대할 수 있다.

오랫동안 시장에서 경험한 나의 관점에서 시세의 원리로 따져 볼 때 인기 종목들은 늘 고점에서 사야 할 이유가 나온다. "시세가 뉴스보다 먼저"라는 격언도 있지 않은가.

팜 시스템에서는 저점 매수 전략만큼이나 박스권을 돌파하는 종목들에 주목하기를 강조한다. 오랫동안 횡보하던 주식이 박스권을 돌파하면, 그 주식은 새로운 상승 추세를 시작할 가능성이 크다. 이렇게 박스권을 돌파해 상승 추세를 시작한 주식이 시간이 흘러 시장의 주도주가 되는 경우가 많으며, 투자자들은 이 타이밍에 맞춰 추가 매수를 고려할 수 있다. 박스권 돌파에 관해서는 3장에서 자세히 다루고자 한다.

앞서 말했듯이 성공적인 투자는 성공적인 종목 선정에서 비롯되기 때문에 종목을 선택할 때는 신중하게 접근해서 다각도로 살펴보는 태도를 지녀야 한다. 남들이 좋다고 하는 말에 선

불리 매수했다가는 손해를 보기 쉽고, 손해를 보더라도 탓할 사람은 자신뿐이니 더 괴로울 것이다.

이렇게 다각도로 종목을 검토하다 보면 자신의 투자 스타일과 목표에 맞는 종목이 눈에 들어오게 된다. 안정적인 배당을 원한다면 배당주에, 높은 성장을 기대한다면 성장주에 투자하고 싶어진다. 투자 포트폴리오는 여러 성격의 종목으로 구성하는 것이 좋은데 이제부터 구체적으로 어떤 종목들이 좋을지 함께 검토해 보자.

숨은 가치를 찾는
가치주 실전 투자법

저평가된 가치주를 찾아라

가치주는 기업의 내재 가치에 비해 주가가 저평가된 주식을 말한다. 시간이 지나면서 기업의 원래 가치가 부각되어 상승하며 주식시장이 크게 변동하는 위기 상황에서 저평가된 상태로 등장할 가능성이 크다. 가치주는 보통 시장 전체가 조정될 때 미리 상승으로 나아가는 특징이 있다. 시장이 큰 폭으로 하락하는 시기에도 미래 가치를 인정받을 수 있는 가치주는 먼저 회복의 조짐을 보인다는 이야기다.

좋은 가치주를 찾는 첫 번째 단계는 기업의 내재 가치를 정

실패를 성공으로 바꾸는 주식투자의 기술

확히 평가하는 것이다. 이는 기업의 재무제표, 이익 구조, 산업 내 위치, 미래 성장 가능성을 분석함으로써 가능해진다. 먼저 손익계산서의 EPS를 찾아 점진적으로 증가하고 있는지 살피자. EPS와 함께 매출과 영업이익도 함께 증가하고 있다면 긍정적인 신호로 볼 수 있다. 그다음 PER도 살펴야 한다. PER이 낮고 동시에 EPS가 꾸준히 상승하는 기업이라면 좋은 가치주가 될 가능성이 크다.

저평가된 우량주를 찾아 가치 투자하는 것도 좋은 전략이다. 긴 조정을 거쳐 바닥을 횡보하는 우량주는 잠재력이 큰데도 일시적인 악재의 영향을 받거나 시장의 전반적인 분위기가 부정적이어서 주가가 낮게 형성되어 있을 때가 있다. 가치주 투자는 시장의 비효율성을 활용하는 전략이기도 하다. 시장이 단기적 요인에 과민 반응하여 기업의 본질적 가치를 제대로 반영하지 못할 때, 이를 기회로 삼아 투자하는 것이 핵심이다.

우리나라 대표 제약사인 유한양행을 가치주의 대표 모델로 볼 수 있다. 신약 개발에 주력하는 등 기업 내재 가치가 탄탄하여 장기적으로 꾸준히 우상향하고 있다.

가치주 투자의 특성에 맞는 적절한 매수 시점을 포착하는 것도 중요하다. 시장의 패닉 상황에서는 가치주가 저가에 거래되는 경우가 많기 때문에, 이 시점을 이용해 매수하는 것이 유리

최고가: 166,900(2024/10)

최저가: 118(1981/01)

| 유한양행 월간차트 |

하다. 경제가 어려운 시기에 저평가되기 쉬운 우량주는 장기적 관점에서 투자자에게 큰 기회를 제공한다. 반면 시장이 과열된 상태에서는 가치주가 과대평가되어 적절한 매수 시점이 아니므로 주의를 기울이는 것이 좋다.

큰손 세력의 움직임을 읽는 것도 가치주 발굴 과정에서 중요하다. 주식시장에서는 종종 세력이 미리 우량주를 매집한 후 주가를 올리는 전략이 보여진다. 이러한 움직임을 포착한 투자자는 저점에서 세력과 함께 주식을 매수할 수 있는 기회를 얻게 된다. 이렇듯 가치주 투자는 철저한 분석과 인내심을 필요로 한다. 기업의 내재 가치를 분석하고, 시장의 흐름을 읽으면서 세력의 움직임을 파악하는 노력이 중요하다.

필승하는 가치주 장기 보유 전략

가치주 투자를 위해서는 시장 흐름에 역행하는 용기가 필요하다. 많은 투자자가 외면하는 종목 중에서 진정한 가치를 발견해 투자하는 것이 가치주 투자의 본질이다. 가치주 투자의 장점은 시장의 단기적 변동성에 크게 영향받지 않는다는 점이다. 투자자가 기업의 내재 가치를 믿고 장기적으로 보유할 때 효과를 발휘한다. 가치주 장기 보유 전략은 꾸준한 수익을 창출할 수 있는 강력한 방법 중 하나다.

팜 시스템에서는 가치주에 투자할 때도 장기적 성장성을 고려한 분산 투자가 필수적이다. 수많은 가치주 중에서 내재 가치가 높은 종목들을 발굴해 씨를 뿌리듯 투자하는 것이 좋다. 팜 시스템의 분산 투자 원칙을 지키면서 장기 투자한다면, 가치주에서 큰 수익을 얻을 수 있다.

또 기업의 배당 정책도 중요하게 보아야 한다. 안정적인 배당을 지급하는 기업의 주식은 재무 상태가 건전하고 현금 흐름이 양호한 경우가 많아, 장기 투자에 적합한 가치주일 가능성이 크다. 국내 시장에서는 삼성화재가 대표적인 우수 배당주다. 삼성화재는 주가가 장기적으로 상승세를 보였을 뿐만 아니라 주주들에게 배당도 꾸준히 해온 효자 종목이다.

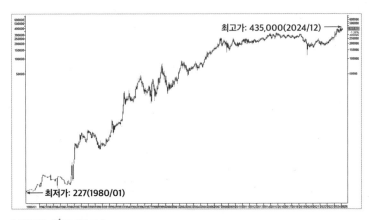

최고가: 435,000(2024/12)

최저가: 227(1980/01)

| 삼성화재 월간차트 |

　가치주를 장기적으로 보유할 때는 투자자가 매수한 시점의 가격과 현재의 주가를 꾸준히 모니터링하는 것이 바람직하다. 특히 주가가 저점에서 큰 폭으로 상승한 경우에는 추가 매수나 보유 여부를 신중하게 판단하는 것이 좋다. 주가는 상승했다가 일정 기간 조정을 겪기도 하는데 이때는 일시적인 조정인지, 아니면 기업의 본질적인 문제로 인한 조정인지 분석하는 것이 중요하다. 일시적이라면 계속 보유하거나 추가 매수를 고려할 수 있다.

　가치주 장기 보유 전략은 복리의 힘을 효과적으로 활용하는 방법이다. 주식은 장기간 보유하고 배당금을 재투자하는 방식으로 기업의 성장에 따른 이익을 누적해서 얻을 수 있다. 이는

실패를 성공으로 바꾸는 주식투자의 기술

시간이 지날수록 투자 수익률을 더욱 높이는 효과를 가져온다.

경기 침체기의 가치주 투자 전략

경기 침체기는 대개 주식시장의 전반적인 하락과 함께 나타나며 이때 시장 전반에 불안감이 고조된다. 이때는 가치주들조차 주가가 하락하는 경향을 보인다. 그래서 투자자들은 공포를 느끼며 손실을 줄이기 위해 급하게 저가에 매도한다. 그러나 이 시점이 바로 가치주를 저렴하게 매수할 기회라는 사실을 깨달아야 한다. 대중과 반대되는 전략을 써야 하는 것이다. 오히려 경기 회복을 염두에 두고 가치주를 발굴해 장기 투자하는 전략을 세울 수 있다.

실제로 과거 경기 침체기의 사례를 살펴보면, 큰 시세를 기록한 주식들도 일시적인 하락을 경험했다가 결국 그 가치에 맞게 주가가 회복되는 패턴을 자주 목격할 수 있다. DB손해보험과 기아의 주가 월간차트를 보면, 경제가 어려웠던 1997년 외환위기 시기와 2008년 글로벌 금융위기 시기에 큰 폭의 주가 하락이 발생했다가 빠르게 반등하는 모습을 확인할 수 있다. 이러한 위기가 주식을 싸게 사서 수익을 키울 수 있는 절호의 기회였다.

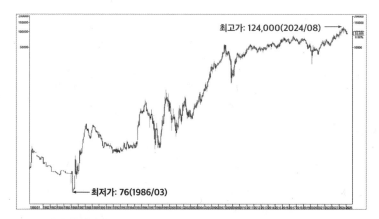

최고가: 124,000(2024/08)

최저가: 76(1986/03)

| DB손해보험 월간차트 |

최고가: 235,623(1989/03)

최저가: 4,120(2000/03)

| 기아 월간차트 |

실패를 성공으로 바꾸는 주식투자의 기술

그러므로 경기 침체기에는 기업의 내재 가치를 면밀히 분석해 현재 시장에서 과도하게 저평가되어 있는 주식을 찾아내야 한다. 특히 경기 침체기에는 자본 구조가 튼튼한 기업이 살아남을 확률이 높기 때문에 재무 지표 분석을 통해 기업의 실적과 자산 상태를 꼼꼼히 확인하는 노력이 필요하다. PER과 PBR(주가순자산비율)이 낮은 종목들은 경기 침체기에도 가치 있는 투자처로 여길 수 있다. PER과 PBR이 낮다는 것은 기업의 이익과 기업이 보유한 자산 대비 주가가 상대적으로 저렴하다는 뜻이기 때문이다.

$$\text{PBR(주가순자산비율)} = \frac{\text{주가}}{\text{주당순자산(BPS)}}$$

| PBR 산출법 |

그리고 기업의 부채비율이 낮고, 자산 대비 수익성이 높은 것이 좋다. 또 그 기업이 속한 산업군이 경기 회복기에 얼마나 빠르게 반등할 수 있을지 고려하는 것도 도움이 된다. 한편 경기 침체기의 가치주는 일반적으로 더 이상 떨어지지 않는 구간을 여러 번 확인하면서 안정되었다가, 이후에는 기업의 실적 개선과 함께 서서히 상승하는 경향을 보인다. 따라서 주식의 가격만 보고 매수하지 않고 기업의 실질적인 회복 가능성을 예측하

는 태도가 필요하다.

또 이 시기에 가치주를 매수할 때도 역시나 분산 투자를 통해 리스크를 최소화하는 전략이 유효하다. 경기 침체기에는 특정 산업군 전체가 타격을 받을 가능성이 크기 때문이다. 여러 산업군에 걸쳐 다양한 가치주를 매수하는 것이 리스크를 분산하는 좋은 방법이다. 그리고 흔히 경기방어주라 불리는 필수소비재, 의료, 유틸리티, 통신 업종에 해당하는 주식이 포트폴리오에 있다면 이를 지속적으로 유지하는 것도 전체 수익률을 떨어뜨리지 않고 유지하는 하나의 전략이 될 수 있다.

경기 침체기의 가치주 투자는 단기적 성과보다 장기적이고 꾸준한 성공을 기대하는 투자자에게 적합한 전략이다. 오랜 기간에 걸쳐 그 진가를 발휘하는 가치주의 예로 2008년 글로벌 금융위기 이후 급락했던 몇몇 주요 기업들이 경기 침체기 이후 수십 배의 상승률을 보인 것을 들 수 있다. 이는 기업의 본질적인 가치가 시간이 지나면서 결국 시장에 반영된 결과다. 또 경제 회복기의 상승장에서는 가치주들이 큰 폭으로 상승할 수 있기 때문에 인내심을 가지고 가치주에 관심을 꺼뜨리지 않는다면 주식투자에서 꾸준한 성공을 도모할 수 있다.

하이 리스크 하이 리턴, 성장주 실전 투자법

시장 변화에 민감한 성장주

성장주 투자는 주식시장에서 높은 수익을 얻을 수 있는 중요한 전략이다. 성장주는 매출과 이익이 빠르게 증가하는 기업의 주식을 의미하며 이러한 기업은 주로 신기술을 보유했거나 새로운 비즈니스 모델을 가지고 있는 경우가 많다. 따라서 성장주 발굴의 핵심은 기업의 성장 잠재력을 정확히 평가하는 것이다. 이는 기업의 재무제표, 산업 동향, 경쟁 환경 등을 종합적으로 분석함으로써 가능해진다.

성장주 발굴을 위해서 먼저 산업 트렌드를 파악하는 것이 중요하다. 빠르게 성장하는 산업이나 새롭게 부상하는 시장을 주목하는 것이 좋다. 현재는 AI, 전기차, 바이오테크놀로지, 방산, 조선 분야에서 혁신적인 기업들을 찾아볼 수 있다. 시장 환경과 기술 트렌드는 빠르게 변화하므로, 투자자는 이러한 변화에 민감하게 반응하고 적응해야 한다.

기업을 분석할 때는 매출 성장률, 이익 증가율, 시장 점유율 지표를 주의 깊게 살펴보자. 기업의 실제 성장성과 경쟁력을 평가하는 데 필요한 핵심 지표기 때문이다. 빠른 매출 성장률은 기업이 시장에서 점유율을 확대하고 있다는 신호가 될 수 있다. 그러나 매출이 증가하더라도 이익이 따라오지 않으면 기업이 실질적으로 수익을 내고 있다고 보기 어렵기 때문에 이익 증가율을 같이 봐야 한다. 이익 증가율이 높다면 기업이 비용을 효

AI	레인보우로보틱스
전기차	BYD
바이오테크놀로지	삼성바이오로직스
방산	한화에어로스페이스
조선	HD현대중공업, HD현대마린엔진

| 산업별 혁신 기업 예시 |

실패를 성공으로 바꾸는 주식투자의 기술

과적으로 관리하면서 수익을 내고 있다는 의미가 된다. 또 시장 점유율이 높아지고 있다면, 경쟁사를 제치고 성장하고 있다는 의미다. 시장 점유율이 높은 기업은 고객 충성도가 높은, 브랜드 파워가 강한 기업일 가능성이 큰 반면 시장 점유율이 감소하는 기업은 곧 경쟁에서 밀릴 가능성이 크다.

성장주 발굴에 있어 기업의 경영진과 기업 문화도 중요한 고려 사항이다. 혁신적이고 비전이 있는 경영진, 그리고 창의적이고 도전적인 기업 문화는 지속적인 성장의 원동력이 된다.

성장주는 종종 높은 PER을 보인다. 이는 투자자들이 기업의 미래 성장 가능성에 큰 가치를 부여하기 때문이다. 그러나 높은 PER이 반드시 좋은 투자 기회를 의미하지는 않으므로 기업의 실제 성장 가능성과 현재 주가 수준을 신중히 따져봐야 한다.

성장주의 리스크와 대응법

성장주 투자의 주요 리스크 중 하나는 과대평가 가능성이다. 시장의 기대가 지나치게 높아져 주가가 실제 가치보다 크게 오른 경우, 작은 실망감에도 주가가 급락할 수 있다. 이를 방지하기 위해 기업의 실적과 성장 가능성을 지속적으로 모니터링하는 것이 중요하다.

성장주는 높은 수익을 기대할 수 있는 매력적인 투자 대상이지만 그만큼 리스크도 크다. 기업이 빠르게 성장하고 있는 만큼 주가 역시 빠른 속도로 상승할 가능성이 있다는 이야기다. 이러한 높은 성장성에는 여러 위험 요소가 동반되는데, 이를 잘 이해하고 대응해야 성공적인 투자를 할 수 있으므로 하나씩 살펴보도록 하자.

첫째, 변동성의 리스크가 있다. 성장주는 단기적으로 급격한 주가 변동을 겪을 가능성이 크다. 시장 상황, 경제적 변화, 기술 발전 등의 외부 요인에 크게 영향을 받기 때문이다. 예를 들어 바이오 산업의 성장주는 R&D나 임상시험 결과에 따라 주가가 급격히 상승하거나 하락할 수 있다. 임상시험에서 실패할 경우 주가는 큰 폭으로 하락할 수 있으며, 이는 투자자에게 큰 손실을 가져올 수 있다.

따라서 분산 투자하여 리스크를 관리해야 한다. 하나의 종목에만 집중하는 것이 아니라 여러 성장주에 자금을 분산 투자하는 것이다. 한 번에 큰 금액을 투자하기보다는 분할 매수를 통해 평균 매수 단가를 낮추고 리스크를 분산시킬 수 있다. 성장주 역시 다양한 산업과 섹터에 걸쳐 투자해 특정 산업의 침체가 포트폴리오에 미치는 영향을 줄여야 한다.

둘째, 성장의 지속 가능성에 대한 리스크가 있다. 성장주는 현재 빠르게 성장 중이지만 이러한 성장이 지속될 것이라는 보장은 할 수 없다. 시장의 변화, 기술 혁신의 속도, 경쟁사의 등장 등 여러 요인이 기업의 성장을 둔화시킬 수 있다. 따라서 성장주에 투자할 때는 기업의 파이프라인, 경영진의 비전, 시장 점유율 등을 종합적으로 분석해야 한다. 특히 R&D에 대한 투자가 지속되고 있는지, 기업이 미래 성장 동력을 확보하고 있는지를 파악하는 것이 중요하다.

셋째, 시세 급변에 따른 심리적 영향이 크다. 성장주는 주가의 변동성이 크기 때문에 급격한 상승과 하락을 반복할 수 있는데 이러한 상황에서 투자자는 심리적으로 흔들릴 수 있으며, 공포나 탐욕에 휩싸여 비합리적인 결정을 내릴 가능성이 있다. 주가가 급격히 하락할 때 공포에 의해 매도하거나, 반대로 단기적인 급등에 대한 기대감으로 섣불리 매수할 수 있는 것이다. 따라서 과도한 낙관이나 비관, 감정적인 결정을 피하고 냉철한 분석에 기반한 전략을 유지하는 것이 중요하다. 주식시장에서 성공하는 투자자는 어떤 경우에도 자신의 원칙을 지키고, 시장의 소음에 휘둘리지 않는 태도를 유지한다.

성장주의 리스크에 대응하기 위해서는 무엇보다 장기적인 관점이 필요하다. 성장주는 단기적으로 변동성이 크더라도 장기적으로 기업의 성장이 유지된다면 결국 안정적인 수익을 기대할 수 있다. 따라서 일시적인 주가 하락에 흔들리지 않고 기업의 기본적 펀더멘털에 집중하며 인내하는 자세가 필요하다. 앞서 다룬 리스크 관리 전략을 실천하면서 적절한 매도 시점을 포착해 수익을 실현하는 것도 중요하다. 또한 손실 한도를 설정하는 것이 효과적이다. 각 종목별로 본인이 감당 가능한 최대 손실 허용 범위를 미리 정해두고, 이를 초과할 경우에는 아까워하지 말고 매도를 고려하자.

결론적으로 성장주는 높은 수익과 함께 리스크가 따르는 투자 대상이므로 투자자는 시장, 그리고 기업의 성장 가능성을 정확히 분석하고 분산 투자, 리스크 관리 전략을 통해 위험에 대응해야 한다.

가치주와 성장주를
혼합하라

안정성과 고수익을 동시에 기대한다면

가치주와 성장주는 서로 다른 특성을 가진 주식이다. 저평가된 가치주를 찾아 투자하는 것은 '싸게 사서 비싸게 판다'라는 원칙에 충실한 전략이다. 가치주는 안정성을 제공하며 복리의 마법을 이용한, 장기적으로 꾸준한 수익을 기대할 수 있다. 성장주는 현재 주가가 높더라도 미래의 더 큰 성장을 기대하며 투자하는 주식이다. 성장주 투자는 가치주 투자 대비 높은 수익을 기대할 수 있지만 그만큼 리스크도 크다.

이 두 가지 투자 방식을 비교하면, 가치주는 인내가 필요하고 성장주는 리스크 관리가 중요하다. 팜 시스템을 활용한 성장주와 가치주의 매매 전략도 서로 다르다. 가치주 투자자들은 기업의 내재 가치를 믿고 일시적인 하락에도 인내하며 장기적 관점을 견지하면서 기다림의 미덕을 발휘해야 한다. 시간이 지나 기업의 본질적 가치가 주가에 반영될 때까지 기다리는 것이 핵심이기 때문이다.

반면 성장주 투자자들은 기업의 미래 성장 잠재력을 고려하면서 차트의 저점과 박스권 돌파 같은 기술적 신호를 확인해서

구분	가치주	성장주
정의	기업 가치 대비 저평가된 주식	빠른 성장을 기대할 수 있는 주식
PER	낮음(기업 이익 대비 주가가 저렴하다)	높음(기업 이익 대비 주가가 비싸다)
리스크	성장이 더딜 수 있다	기대감이 꺾이면 주가가 급락할 수 있다
투자 전략	저평가된 주식을 싸게 사서 가치 상승을 기대한다	지속적인 매출 증가와 시장 지배력을 기대하면서 리스크를 관리한다
적합한 투자자	안정적 수익을 원하면서 기다림의 미덕을 발휘할 수 있는 투자자	고수익을 원하면서 리스크를 감수할 수 있는 투자자

| 가치주와 성장주 |

실패를 성공으로 바꾸는 주식투자의 기술

매수와 매도 시점을 신중히 결정해야 한다. 특히나 성장주는 무조건 장기 투자로 일관하기보다는 가격이 올라 인기가 많은 구간에서 리스크를 관리하는 것이 중요하다. 따라서 주식투자는 무조건 장기로 가야 한다는 말은 옳지 않은 것이다. 성장주는 진입 시점이 잘못되면 다시는 원금을 찾을 수 없을지도 모르기 때문이다.

그렇기에 포트폴리오 구성 시 가치주와 성장주를 혼합하는 것도 좋은 방법이다. 가치주로 장기적 안정성을 확보하고 성장주로 단기적 고수익을 노릴 수 있다. 리스크를 분산하면서 여러 방향에서 수익을 기대할 수도 있다. 가치주가 저평가된 상태에서 천천히 회복될 때 성장주의 빠른 성장으로 포트폴리오의 수익을 견인할 수 있는 것이다.

팜 시스템은 기본적으로 가치 투자를 지향하지만, 종목 선택 시 기술적 분석을 활용하기도 하고 시장을 이끄는 대장주라면 성장주도 포트폴리오에 일정 비율 포함시킨다. 무엇보다 투자자의 성향에 맞는 균형 잡힌 전략을 세우는 것이 중요하기 때문이다. 성장성과 안정성을 각각 어느 정도로 추구할지는 투자자의 선택에 달려 있다.

가치주는 일반적으로 안정적인 수익을 원하는 보수적인 투자자들에게 적합하고 성장주는 높은 수익을 추구하는 공격적인 투자자들에게 적합하지만 이는 절대적인 기준이 될 수 없다는 것도 알아야 한다. 가치주와 성장주가 항상 명확히 다른 것으로 구분되지는 않는다. 때로는 가치주가 성장주로 전환되거나 성장주가 가치주의 특성을 갖게 되기도 한다. 따라서 투자자는 지속적으로 시장과 기업의 변화를 모니터링하면서 필요에 따라 자신의 투자 포트폴리오를 조정할 수 있어야 한다.

가치주와 성장주가 조화를 이룰 때

가치주와 성장주에 조화롭게 투자하는 것은 팜 시스템의 중요한 전략 중 하나다. 이 전략의 핵심은 가치주와 성장주의 특성을 제대로 이해하고, 이를 실전 투자에 어떻게 적용할지 생각하는 것이다.

투자 포트폴리오에 성장주와 가치주를 조화롭게 담는 것은 시장의 변동성에 대비하는 효과적인 방법이다. 이 둘은 서로 다른 시장 상황에서 각기 다른 성과를 낸다. 앞서 말했듯이 위험을 분산하면서도 수익을 극대화할 수 있다. 경기 침체기에는 가치주가 안정적인 수익을 내고 경기 호황기에는 성장주가 높은 수익을 창출할 수 있다. 이러한 특성 덕분에 투자자는 시장의

실패를 성공으로 바꾸는 주식투자의 기술

다양한 상황에 유연하게 대응할 수 있다.

이와 같은 맥락에서 가치주와 성장주를 혼합해 투자하는 것은 시장의 순환적 특성을 활용하는 전략이라고도 할 수 있다. 주식시장에서 가치주와 성장주의 인기는 주기적으로 바뀐다. 어느 시기에는 가치주가, 또 어느 시기에는 성장주가 좋은 성과를 내기 때문이다. 이러한 순환을 이해하고 활용함으로써 투자자는 장기적으로 안정적이고 꾸준한 수익을 추구하는 일이 가능해진다.

무작정 투자하지 말고, 자신의 위험 감수 성향을 먼저 파악하자. 보수적인 투자자라면 가치주의 비중을 높이고 공격적인 투자자라면 성장주의 비중을 높여서 개인의 투자 목표와 성향에 맞는 맞춤형 포트폴리오를 구성하면 된다.

이 전략도 마찬가지로 그 효과가 제대로 발휘되려면 투자자의 지속적인 학습과 시장 분석이 필수다. 가치주와 성장주의 특성에 대한 이해를 바탕으로 시장의 변화를 지속적으로 모니터링하면서 새로운 투자 기회를 발굴하는 것이 중요하다. 이 같은 노력은 투자 지식과 경험을 지속적으로 확장시키는 효과도 가져온다.

시장을 주도하는
주도주 실전 투자법

주도주 매수의 신호를 포착하라

주도주는 시장의 흐름을 선도해 투자자들에게 큰 수익을 안겨줄 수 있는 종목이다. 주도주는 시장의 변동 속에서 견고한 실적을 유지하는 특징을 가지고 있다. 주식시장에서 성공하기 위해서는 새로운 주도주를 찾아야 한다. 과거에 인기 있던 종목이나 사람들이 좋아하던 성장주들은 더 이상 성장할 힘이 없을 가능성이 크다. 금리가 상승하는 시기에는 배당을 많이 주고 자산을 보유한 기업들이 새로운 주도주가 될 가능성이 크다는 것도 알아두면 좋다.

국내 주식시장에서 주도주는 산업의 성장과 변화, 글로벌 트렌드에 따라 변화했다. 1994년은 한국의 산업화가 본격화된 시기로, IT, 철강, 통신 산업에 속한 기업들이 주도주였다. 이후 IT 산업의 확장과 함께 인터넷이 발달해 국산 소프트웨어의 대표주자 한글과컴퓨터가 대표 주도주가 되었다.

2003년 이후에는 중국이 경제 성장을 이루면서 원자재 수요가 증가했고 이로 인해 국내 철강업이 크게 성장했으며 조선업도 호황기를 맞았다. 그러다가 2008년 글로벌 금융위기를 맞았고 원화 약세 기조로 인해 수출 경쟁력을 갖춘 자동차와 부품 기업들이 주도주로 떠올랐다.

2015년에는 중국과 아시아 시장의 소비 증가로 면세점 산업이 급성장을 이뤘으며 2020년에는 IT 플랫폼 산업이 핵심 산업으로 자리 잡았다. 이때 전기차 배터리와 관련된 2차전지 산업도 강세를 보이기 시작했다.

2024년부터는 AI와 바이오, 우주항공 등 기술 혁신이 두드러져 해당 산업에 속한 기업들이 주도주로 떠오르며 글로벌 경제의 중심축이 되고 있다.

그렇다면 산업의 변화와 함께 달라지는 주도주의 매수 신호를 포착하기 위해서는 무엇을 할 수 있을까? 그 신호를 포착하기 위해서는 기다림, 기술적 지표, 거래량의 변화 그리고 과거의

1994년	삼성전자, POSCO홀딩스, SK텔레콤
1999년	한글과컴퓨터, 현대증권
2003~2007년	현대중공업(현 HD현대중공업), 삼성중공업, 현대제철
2008년	현대자동차, 기아, 현대모비스
2015년	아모레퍼시픽, 아모레G, 호텔신라
2020년	카카오, 네이버, 삼성전자, LG화학, 포스코케미칼(현 포스코퓨처엠)
2024년	한화에어로스페이스, 한화오션, HD현대중공업, 삼성바이오로직스

| 시기별 대표 주도주 |

기억이 필요하다. 주도주를 찾기 위해서는 우선 '매물대'를 뚫고 올라온 종목에 주목하는 것이다. 매물대란 많은 사람이 주식을 사고팔았던 가격 구간을 말하는데, 그 근처에서 주가가 멈추거나 하락했다면 그 가격은 일종의 벽처럼 작용한다. 예를 들어 어떤 종목의 주가가 5만 원까지 올랐다가 여러 번 하락했다면, 5만 원에 샀다가 손해를 보고 기다리는 사람들이 많을 수 있다. 그들은 주가가 5만 원 근처에 오면 본전을 찾기 위해 매도하려는 경향이 강해지기 때문에 주가는 그 자리에서 다시 떨어지기 쉽다.

　　　　　　　　실패를 성공으로 바꾸는 주식투자의 기술

최고가: 745,000(2025/03)

최저가: 1,984(1987/05)

| 한화에어로스페이스 월간차트 |

하지만 주가가 그 벽을 뚫고 올라가면 상황이 달라진다. 과거에 쌓인 매도 물량이 해소되었다는 뜻이므로 오히려 주가가 더 상승할 가능성이 있다. 한화에어로스페이스는 2023년 6월, 과거 최고가를 넘어서는 역사적 신고가를 기록했고 이후에도 계속 신고가를 경신하며 상승 흐름을 이어갔다. 그리고 현재 방산업 종목들을 선도하는 역할을 하고 있다. 이처럼 매물대를 뚫고 날아오르는 종목이 시장의 주도주가 될 가능성이 크다는 점을 잘 기억해 두자. 팜 시스템은 주도주가 될 가능성이 큰 종목을 골라 선취매하는 전략을 사용한다.

또 다른 주도주로 한화오션이 있다. 한화오션은 한화그룹에서 대우조선해양을 인수한 후 사명을 한화오션으로 바꾼 기업

최고가: 288,736(2007/10)

최저가: 9,639(2020/03)

| 한화오션 월간차트 |

이다. 대우조선해양은 2008년 이후 찾아온 조선업의 침체로 경영난을 겪으면서 부도 위기에 내몰렸다. 그러나 한화그룹에 인수됨과 동시에 다시 살아나 신고가를 경신하면서 주도주로 나서게 되었고 현재 조선업황을 선도하고 있다.

기업의 기본적 분석에 있어서는 'EPS 증가'에 주목할 필요가 있다. EPS가 점진적으로 증가하는 종목은 주가가 오를 가능성이 크기 때문이다. 해당 기업의 실적이 가시화될 때는 이미 주가가 바닥에서 상당히 상승해 있기 마련이다.

주도주는 긴 조정을 거친 후 바닥을 형성하는 일이 잦다. 조정 기간이 길수록 투자자들은 그 주식을 포기하거나 성급히 매도하게 되는데, 이러한 과정에서 주도주는 저점을 다지게 된다.

실패를 성공으로 바꾸는 주식투자의 기술

따라서 투자자는 인내심을 가지고 긴 조정 기간 동안 종목의 움직임을 잘 지켜보아야 한다.

과거에 주도주였던 종목이 시장의 변화에 따라 다시 주목받는 경우도 있다. 이럴 때는 과거의 패턴과 시세 흐름을 기억하고 있는 것이 유리하다. 이러한 종목은 새로운 상승 국면에서도 비슷한 패턴을 보일 수 있기 때문이다.

주도주에는 큰 세력이 개입되어 있을 가능성이 크다. 큰 자금을 운용하는 세력들은 조용히 매집을 하다가 가격이 충분히 하락하면 본격적으로 매수에 나선다. 주식시장에서 세력이 개입하여 주도하는 종목은 일반적으로 강한 상승세를 보인다. 이러한 세력들이 매집하는 주식은 일정 기간 동안 가격이 조정된 후 갑작스럽게 큰 거래량을 동반하며 상승하는 특징이 있다. 세력의 개입을 확인해서 그 흐름에 동참하는 전략이 필요하다. 큰 세력들이 주도하는 상승 추세에 올라타는 것은 리스크를 줄이고 수익을 극대화하는 전략이기도 하다.

이렇게 상승할 때 더 사고 싶은 욕구가 생기지만, 이때는 매도를 고려하는 것이 좋다. 반대로 주식이 하락하고 있을 때 두려움이 몰려오지만 이때가 오히려 매수할 기회다. 이러한 주도주 추세매매 투자는 가치주 투자와 대비되는, 높은 수익을 기대할 수 있는 투자다. 그러나 높은 리스크도 동반한다는 사실을 언제나 잊어서는 안 된다. 이렇게 추세매매할 때는 자신만의 손절매 전략을 세워 지키고 포트폴리오 분산을 통해 리스크를 관리하는 것이 바람직하다.

주도주 보유와 추가 매수 전략

주식시장에서 주도주를 보유하고 추가 매수하는 전략은 수익을 극대화하는 강력한 방법 중 하나로 꼽힌다. 주도주에 투자할 때 중요한 것은 강력한 상승 신호가 나타날 때 매수하는 것이다. 이 신호를 파악하기 위해서는 박스권 돌파와 같은 기술적 분석을 활용할 수 있다. 주도주가 오랫동안 넘지 못했던 가격을 뚫고 올라갈 때 그 주식은 더욱 크게 상승할 가능성이 크며, 이때가 매수의 적기다. 오랜 시간 박스권에서 횡보하다가 돌파할 때 추가 매수하는 것이 효과적이다. 최근 방산주 후발주로 나서고 있는 한국항공우주 월간차트를 살펴보면 가격이 박스권의 일정 범위 내에서 오르락내리락하며 횡보하다가 박스권 돌파 후 급격히 상승한 모습을 확인할 수 있다.

특히 주도주는 일정 주기마다 고점을 돌파하는 경향이 있으므로 이를 활용하면 꾸준히 수익을 낼 수 있다. 주도주는 크게

최고가: 106,500(2015/08)

최저가: 16,150(2020/03)

| 한국항공우주 월간차트 |

조정될 때마다 매수 기회를 제공한다. 큰 상승 이후 조정 국면
에 접어들 때 이를 두려워하기보다는 추가 매수의 기회로 삼자.
실제로 많은 투자자가 주가의 조정기에 불안해하고 매도를 고
려한다. 그러나 조정은 강한 상승을 위한 준비 단계일 수 있음
을 잊지 말자.

주도주를 보유하는 것 자체로 큰 성과를 기대할 수 있으나
투자 비중을 철저히 관리하는 것이 중요하다. 주도주에 너무 큰
비중을 투자하면 그 주식의 상승 가능성만을 지나치게 기대하
게 되어서 매도가 어려워진다. 반면 적절한 비중으로 보유하면
감정적인 매매에서 벗어나 냉정한 판단을 할 수 있다.

정리하면, 주도주를 매수할 때는 단순히 상승세를 타는 종목

만을 쫓아서는 안 되며 시장이 크게 흔들릴 때까지 기다려야 한다. 시장 전체가 변동성을 보일 때 주도주를 발굴해 매수하는 것이 효과적이다. 시장이 흔들리면 많은 종목들이 조정에 들어가고, 이때 주도주를 사들인 투자자는 향후 회복장에서 큰 수익을 기대할 수 있다.

주도주를 보유한 투자자는 추세를 따라가야 한다. 주식시장은 변동성이 크기 때문에 추세를 거슬러서 매수하거나 매도하면 위험하다. 추세를 따라가라는 말은 단순히 오래된 격언이 아니라, 시장의 흐름을 따르는 전략이 가장 안전하다는 현실적 조언이다.

단기 이익보다 장기 성과를 기대하라

주도주 주가의 특징은 다른 종목들이 따라오지 못하는 시점에 앞서가는 것이다. 상승장이 본격적으로 시작되기 전에 이미 움직이기 시작한다. 반대로 시장이 하락장으로 접어들 때도 주도주들은 비교적 견조한 모습을 보이거나 하락 폭이 제한적이다. 단순한 단기 테마주가 아니라 실제로 강한 성장성과 시장 지배력을 갖춘 경우가 많으므로 장기적으로 안정적인 성과를

실패를 성공으로 바꾸는 주식투자의 기술

기대할 수 있다.

주식투자에서 가장 큰 이익을 낼 수 있는 방법 중 하나는 강한 상승 추세를 가진 종목을 장기 보유하는 것이다. 주도주가 보통 이러한 상승 추세를 보이며, 그 추세는 단순히 하루이틀의 상승이 아니라 몇 달, 몇 년간의 지속적인 성장을 의미한다.

주도주는 시장에서 지속적으로 주목받는 종목이다. 이런 주식은 주식시장의 전반적인 흐름과 트렌드를 이끄는 역할을 하며, 많은 투자자의 관심을 받는다. 따라서 주도주를 보유하고 있는 투자자는 심리적 압박을 이겨낼 수 있는 능력이 필요하다.

또 단기적 이익보다는 장기적 성과를 기대할 수 있는 주식이기 때문에 일시적인 변동에 휘둘리지 않고 꾸준히 보유하는 것이 중요하다. 이렇듯 주도주 투자에서도 중요한 것은 인내심이다. 주도주라고 해서 매일 상승하지는 않으므로 조정 기간이 필요할 수 있는데 조정 기간에 팔지 않고 기다리는 태도가 필요하다.

결국, 주도주 투자 역시 장기적인 관점을 지녀야 높은 수익을 기대할 수 있다. 단기적인 변동성 때문에 찾아오는 혼란을 이겨내고, 시간이 지나면 결국 우상향한다는 사실을 잊지 말아야 한다. 초기의 상승 흐름, '젊은 시세'를 알아보는 고수만이 주도주를 정확히 파악하고, 그 흐름에 맞춰 매수와 매도를 할 수 있다.

소형주를 위한 새로운 아이디어

투자는 일종의 사업이며 투자에서 중요한 것은 자본금보다 아이디어다. 창업할 때 아이디어가 필요하듯이 주식투자를 할 때도 아이디어가 중요한 역할을 한다. 아이디어를 찾는 방법은 우리의 일상에서 시작된다. 택시 기사와 대화를 나누거나 주변의 변화를 유심히 관찰하다가 자연스럽게 투자의 기회를 발견할 수도 있다.

내가 주식투자에서 찾은 한 가지 아이디어는 바로 소형주 투자다. 소형주는 투자자들 사이에서 큰 인기를 끌지 못하고 있다. 그래서 소형주를 인기가 없을 때 매수해 특정 테마나 이슈로 주목받으면서 대중에게 인기를 끌 때 매도하는 전략을 사용하면 좋다.

규모가 작은 기업들은 대개 배당금을 지급하지 않지만 오래된 소형주들 중에서는 배당금을 지급하는 곳도 있다. 기업은 성장하면서 현금이 충분해질 때 배당을 지급하기 시작한다. 배당을 지급하는 기업들은 보통 가족 소유 기업인 경우가 많고, 그 가족이 배당을 원하기 때문에 배당이 이루어진다. 소형주라고 해도 이렇게 배당금을 지급하는 소형주에 투자하면 리스크를 줄일 수 있다.

최고가: 297,452(1987/10)

최저가: 666(2008/10)

| 코스모신소재 월간차트 |

그래서 나는 실제로 비인기 소형주를 매수해 대중들에게 인기를 얻을 때까지 보유하는 전략을 쓰고 있다. 코스모신소재, 삼아알미늄, 금양이 2차전지 테마가 붙기 전에 인기가 없을 때 투자하여 큰 성과를 거둔 소형주들이다.

코스모신소재에는 이 종목이 그다지 인기가 없었던 2012년에 투자했다. 2016년 시장 악재에 주가가 2,000원 밑으로 하락했지만, 코로나19 팬데믹 이후 2차전지 테마가 붙으면서 20만 원까지 상승했다. 바닥에서 약 100배 상승한 종목이 된 것이다. 이처럼 팜 시스템은 중소형주를 공략해 해당 주식이 인기가 없을 때 투자해 대중에게 인기를 얻을 때까지 보유하는 전략도 사용한다.

잘 알려지지 않은 작은 회사여도 자산과 수익을 분석해 그 회사가 꾸준히 수익이 나고 지속 가능한 성장을 할 수 있는 회사라고 판단되면 새로운 투자처로 고려해 볼 수 있다. 이러한 아이디어를 통해 남들이 잘 모르는 성장 잠재력이 높은 회사를 찾고 투자의 기회를 잡도록 하자.

단기 매매와 장기 투자의 갈림길에서

결국 실패하는 단타의 함정

단기 매매는 주식시장의 변동성을 이용해 수익을 내는 전략이다. 특정 주식이 하루 또는 짧은 기간 안에 급등하거나 급락할 것을 예측해 빠르게 사고파는 방식이다. 주식시장에서 매일 발생하는 변화를 활용해 단기 수익을 얻으려는 투자자들이 선호한다.

이런 단기 매매의 장점은 성공하면 빠르게 수익을 실현할 수 있다는 것이다. 하지만 이 방법은 성공보다 실패할 가능성이 훨씬 크며 신속한 의사결정의 반복으로 쉽게 일희일비하게 된다는 치명적인 단점을 안고 있다. 나는 이런 단타가 잠시 짜릿한 수익을 가져다줄지는 몰라도 장기적으로 결국 큰 손실을 안긴다는 사실을 경험적으로 알고 있다.

단기 매매는 장기 계획 없이 단기적인 이익을 좇기 때문에 스트레스를 달고 살 수밖에 없다. 컴퓨터와 휴대폰 앞에서 많은 시간을 보내면서 계속 초조해진다. 주식 매매는 투자지, 게임이 아니다. 주식투자를 마치 도박처럼 단타로 하기 시작하면, 도박이 그렇듯이 결국에는 큰 손실을 볼 수밖에 없다. 주식을 팔고 돌아와서 또다시 주식을 사들이는 매매를 반복하는 습관이 생긴다. 도박처럼 주식투자에 중독되는 것이다. 하지만 이렇게 시세에 중독된 상태에서는 절대 투자로 성공할 수 없다. 주식투자는 철저한 계획과 자기 통제가 필요한 분야다.

장기 투자는 주식을 매수한 후 오랜 기간 보유하며 기업의 성장을 기다리는 방식이다. 장기 투자를 토대로 설계된 팜 시스템은 시세중독이라는 병을 고쳐주고 조정이 와도 마음이 편안한 상태에서 투자할 수 있도록 돕는다. 일시적인 시장 변동에 크게 영향받지 않으면서 주식시장의 큰 흐름을 바라보며 투자하는 태도가 길러지고 이 같은 태도 덕분에 매일같이 매매에 초조해지는 단타와 달리 평정심을 유지하며 투자를 지속하게 되는 것. 바로 이것이 꾸준한 성과를 내는 중요한 비결이다.

실패를 성공으로 바꾸는 주식투자의 기술

복리 효과를 극대화하는 장기 투자

주식을 장기 보유하는 전략은 수익을 꾸준히 안정적으로 창출하는 효과적인 투자법이다. 팜 시스템에는 이 전략의 핵심이 담겨 있다. 농부가 씨를 뿌리고, 그 작물이 자라 열매를 맺을 때까지 기다리는 것처럼 주식투자도 마찬가지다. 단기간에 수익을 얻으려는 시도보다는 긴 시간 동안 시장에서 견디며 장기적인 성과를 내는 방식으로 접근하는 것이 효과적이다. 주식투자는 흔히 '돈 나무'와 같다고들 이야기한다. 나무를 키우듯이 투자자가 오랜 시간과 노력을 들여 주식을 가꾸어야 해서 그렇게 비유된다. 시간을 들여 가꾼 나무가 잘 자라듯이 좋은 종목을 선택해 오랜 기간 동안 관리하는 전략이 결실을 본다.

IT 업종을 예로 들어보자. 기술 발전과 혁신으로 빠르게 성장하는 과정에서 많은 우량 IT 기업들이 높은 수익률을 기록했다. 2000년대 초반 IT 버블이 붕괴된 후에도 애플, 구글, 아마존과 같은 기업은 꾸준히 성장해 막대한 수익을 올렸다. 이들 기업에 일찍이 투자했던 투자자들은 주가가 급등할 때까지 장기 보유하면서 큰 수익을 얻었다.

이러한 장기 투자의 성공 사례는 산업 변화와 혁신을 예측하고 이에 맞춰 투자하는 능력의 중요성을 보여준다. 전기차 산업의 성장을 예측하고 테슬라에 초기 투자한 투자자들도 엄청난 수익을 얻었다. 미래 산업 트렌드를 읽는 능력이 얼마나 중요한지 보여주는 사례다.

장기 투자는 복리 효과를 극대화하는 전략이다. 장기간 주식을 보유하면 배당금과 주가 상승으로 인한 수익이 복리로 쌓여서 시간이 지날수록 더 큰 수익을 얻을 수 있다. 이렇듯 복리는 주식투자에서 큰 자산을 만드는 핵심 원리다. 처음에는 미미해 보이지만 시간이 지날수록 그 힘을 발휘해 투자자가 꾸준한 수익을 창출하도록 돕는다.

복리 효과를 극대화하기 위해서는 우량주에 장기 투자하면 된다. 기업 실적이 안정적으로 증가하는 우량주는 장기적으로 주가가 상승하는 경향이 뚜렷하게 보이는 주식이다.

팜 시스템에 따른 장기 투자 전략

팜 시스템에서는 저점 매수와 박스 돌파 전략을 병행해 복리 효과를 더욱 극대화한다. 주가가 저점을 형성했을 때 매수하고, 일정 기간 동안 박스권에서 움직이는 주식을 보유하다가 박스 돌파가 이루어지면 추가 매수해서 자산을 키울 수 있다. 단기적인 시세 차익을 노리는 것이 아니라, 장기적으로 큰 추세를 잡아 복리의 힘을 이용해 자산을 불리는 전략이다.

배당금을 재투자하거나 주가 상승분을 계속해서 투자에 활용하는 전략도 가능하다. 이는 복리 효과를 극대화하는 방식으로, 실제로 워런 버핏의 버크셔 해서웨이도 이 원리를 활용해 엄청난 수익을 창출했다.

장기 보유 전략은 세금과 수수료 부담이 적다는 장점도 있다. 팜 시스템 투자에서는 투자자가 직접 펀드를 만들어 운영하는 방식을 강조하는데, 이는 외부 펀드 매니저에게 수수료를 지불하지 않아도 된다는 점에서 매우 큰 이점을 가진다.

장기 투자는 투자자의 시간과 에너지 또한 절약해준다. 잦은 매매로 인한 스트레스와 시간 소모를 줄이면 다른 생산적인 활동에 에너지와 시간을 투자할 수 있기 때문이다. 이는 투자자의 전반적인 삶의 질 향상에도 도움이 된다.

물론 팜 시스템에 따른 투자의 기본기를 잘 다지고 개인의 성향과 목표, 리스크 감수 능력을 파악한 뒤에 단기 매매와 장기 투자를 혼합하는 전략도 생각해 볼 수는 있다. 그러나 아직 공부가 충분하지 않은 초보 투자자는 적은 돈으로 시장을 충분히 경험하고 이해해 가면서 조금씩 투자금을 늘려가는 것이 바람직하다.

장기 투자자를 위한 철학

주식투자는 마라톤처럼 긴 호흡을 필요로 한다. 주식시장에서는 속도가 아니라 방향이 중요하기 때문이다. 주식은 나무처럼 느리게 자라며, 그 열매를 수확하려면 긴 시간을 기다려야 한다. 성공적인 투자를 위해서는 시장 변동성에 흔들리지 않고 장기적인 안목을 유지하면서 꾸준히 달려나가야 한다. 또 장기 투자할수록 시장의 변화와 트렌드를 주시해야 한다. 기술의 발전, 소비자 행동의 변화, 규제 환경의 변화 등이 기업의 장기적 성장에 큰 영향을 미치기 때문이다.

슈퍼개미들이 큰돈을 번 이유는 그들이 장기적인 관점에서 주식을 판단하고 보유해왔기 때문이다. 그들은 보통 2~3년, 길게는 10년까지 주식을 보유하면서 기업의 성장을 지켜보았다. 그런데 많은 사람이 너무도 쉽게 눈앞의 변동에 달려든다. 그러나 서두르면 손해만 볼 뿐이다. 급하게 시세를 좇아 투자하다 보면 반드시 불필요한 거래를 하게 된다.

테마주나 추천주에 의존하면서 주식을 성급히 사고팔다가 알거지가 된 이들이 많다. 투자의 대가들도 빠름보다는 느림을 강조한다. 주식을 도박처럼 대하지 말고 투자로서 접근해야 한다. 다시 한번 강조하지만 좋은 종목을 찾아 장기 투자하고, 기

실패를 성공으로 바꾸는 주식투자의 기술

다림과 인내의 미덕을 발휘하는 것이 부자가 되는 길이다.

따라서 주식투자에 있어서 가장 중요한 것은 자기와의 싸움이다. 앞서 배운 팜 시스템에 따라 냉정하게 자신만의 원칙과 계획을 세우고 그 계획을 지켜나가야 한다. 자신이 세운 원칙을 지키지 않고 감정에 휘둘려 매매하게 되면 투자에서 성공하기 어렵다.

포트폴리오 구성 전략 총정리

나만의 수제 펀드를 운용하라

팜 시스템의 목적은 위험을 최소화하고 장기적인 성장을 추구하는 것이다. 이를 가능하게 하는 방법이 본인 자산에 무리가 가지 않는 선에서 여러 종목과 항목에 분산 투자하는 포트폴리오를 구성하는 것이다. 이를 팜 시스템에서는 수제 펀드 구성이라 말한다.

수제 펀드는 투자자가 직접 여러 종목을 선택해 자신만의 포트폴리오를 구성하는 방식으로, 펀드 회사에 수수료를 지불하지 않고도 자신이 만든 펀드를 운용할 수 있다는 장점이 있다.

펀드에 투자할 때 발생하는 판매 수수료와 운용 보수는 장기적으로 수익률에 상당한 영향을 미칠 수 있고 펀드 회사가 부과하는 높은 수수료는 투자자에게 큰 부담을 주기도 한다.

그러나 직접 포트폴리오를 구성하면 이 비용을 절약해 투자 수익을 극대화할 수 있고, 종목 선정에 있어서도 자신만의 기준을 적용해 주체적으로 골라 투자할 수 있다. 실제로 팜 시스템을 적용해 수제 펀드를 구성한 투자자들은 우량 종목들을 골라 분산 투자하는 방식으로 인덱스 펀드 이상의 수익률을 달성하고 있다.

그렇다면 이 수제 펀드의 종목은 어떻게 구성해야 할까? 앞서 이야기한 내용을 총정리하자면 첫째, EPS가 지속적으로 증가하는 기업 위주로 포트폴리오를 구성해야 한다. 그리고 시장이 크게 흔들릴 때마다 우량주를 매수해서 장기적인 성장을 도모한다. 둘째, 주도주를 포트폴리오에 포함시키면 된다. 시장에서 가장 빠르게 성장하고 큰 변동성 속에서 강한 상승세를 보이는 주식이니 보유하고 있으면 도움이 된다. 특히 초보 투자자에게는 이렇게 우량주와 주도주를 기둥으로 세우고, 가치주와 성장주, 배당주를 포트폴리오에 고르게 구성하는 방법을 권하고 싶다.

즉, 팜 시스템에서 가장 모범적인 포트폴리오는 주도주와 우

구분	주도주	우량주
정의	주식시장에서 전반적인 주가를 이끌어가는 인기 주식	안정적인 실적과 재무 구조를 갖춘 대형 우량 기업의 주식
변동성	중간(시장 흐름, 경기에 영향받는다)	낮음
투자 전략	산업 트렌드를 분석하면서 중장기 투자한다.	장기적 성장성과 안정성을 보고 장기 투자한다.

| 주도주와 우량주 |

량주를 포함해 다양한 종목에 분산 투자하는 것이라고 할 수 있다. 이러한 전략을 통해 투자자는 팜 시스템에서 강조하는 장기적으로 안정적인 성장을 하게 되고 시장의 변화에도 유연하게 대응할 수 있게 된다.

직접 수제 펀드를 구성하기를 권하는 또 하나의 이유는 원하는 타이밍에 포트폴리오를 조정하는 리밸런싱이 가능하고 종목별 상황을 실시간으로 확인할 수 있기에 투명성이 확보되기 때문이다. 자신의 포트폴리오에 애정을 가지고 열정적으로 운용하다 보면 자연스럽게 직접 시장을 분석하고 여러 종목을 동시에 관리함으로써 주식시장의 다양한 측면을 이해하게 되고, 이로 인해 더 나은 투자 결정을 내릴 수 있게 된다.

실패를 성공으로 바꾸는 주식투자의 기술

분산 투자로 안정성을 확보한다

팜 시스템에서는 분산 투자의 중요성을 아무리 강조해도 지나치지 않다. 초보 투자자들이 종종 범하는 실수 중 하나가 한두 종목에 과도하게 집중하는 것이다. 팜 시스템은 분산 투자를 기본 원칙으로 해 리스크를 최소화하고 안정성을 확보한다. 분산 투자는 여러 종목에 자산을 나누어 투자함으로써 주식시장의 변동성과 위험을 최소화하는 데 매우 효과적이다.

분산 투자의 핵심은 단순히 종목 수를 늘리는 것이 아니라 다양한 산업군에 걸쳐 종목을 선택하는 것이다. 특정 산업에만 집중 투자할 경우 그 산업의 경기 사이클에 따라 수익률이 크게 흔들릴 수 있다. 다양한 종목에 소액씩 투자하고 이를 장기적으로 관리하는 것이 핵심이다.

분산 투자는 산업 간 균형을 유지하는 투자법이기에 리스크를 줄이는 데도 도움이 된다. 다양한 산업 분야에 투자함으로써 특정 산업의 침체가 전체 포트폴리오에 미치는 영향을 줄일 수 있다. 이는 특정 상황의 변화로 생긴 리스크의 영향력을 분산시키는 효과적인 방법이다.

분산 투자는 단순히 리스크를 줄이는 차원에서 더 나아가 시장에 참여하는 방식을 고려했을 때도 의미가 있다. 시세의 원리로 봤을 때 시장에서 써먹지 않은 종목들, 다시 말해 장기적으로 상승 가능성이 높은 여러 개의 종목에 투자하는, 주식시장 전체를 사는 전략이기에 시장 수익률을 초과할 수 있다.

단기적인 수익에 연연하지 않고, 장기적으로 꾸준한 수익을 창출할 수 있는 구조가 만들어지는 것이 분산 투자의 장점이다. 팜 시스템은 박스를 돌파하거나 신고가가 나는 종목과 저점에서 매수한 종목을 균형 있게 포트폴리오에 포함함으로써, 꾸준히 일정한 수익률을 유지하는 것을 목표로 한다.

2008년 글로벌 금융위기 당시 많은 종목들이 큰 폭으로 하락했지만, 팜 시스템을 활용하여 분산 투자한 투자자들은 몇몇 주식에서 손실을 보았더라도 다른 주식에서 회복되거나 성장하는 모습을 보였으며 이로 인해 전체 계좌는 손실을 충분히 만회하고 큰 수익을 안겨주었다. 이는 시장 전체가 하락하는 상황에서도 특정 섹터나 주식은 반등할 수 있다는 점을 잘 보여준다.

분산 투자의 또 다른 장점은 투자자에게 심리적 안정감을 제공한다는 점이다. 주식투자에서 감정은 매우 중요한 요소다. 투자자들이 한 종목에 큰 비중을 투자하면 그 종목의 가격 변동에 따라 큰 감정 기복을 겪게 된다. 주가가 떨어질 때 불안해하고, 오를 때 흥분하는 감정의 기복이 심한 투자자일수록 실수를 저지르기 쉽다. 하지만 여러 종목에 자산을 분산시켜 골고루 투자하게 되면 특정 종목의 등락에 너무 민감해지지 않고 전체적인 포트폴리오 성과를 바라보게 된다. 이를 통해 투자자는 불안감에서 벗어나 감정적으로 안정된 상태를 유지하며 더 냉철하게 시장을 분석하고 대응할 수 있게 된다.

나는 분산 투자로 시장에 대한 통제력을 높일 수 있다는 점도 강조하고 싶다. 주식시장은 예측 불가능한 요소들이 많지만, 분산 투자를 통해 투자자는 시장의 변동성에 대응할 수 있는 능력을 갖추게 된다. 이는 단기적인 충격에 휘둘리지 않고 장기적인 목표를 유지할 수 있는 중요한 방법이다.

더불어 분산 투자는 새로운 투자 기회를 발견하는 데에도 유용하다. 다양한 종목에 투자함으로써 여러 산업과 기업에 대한 이해도를 높일 수 있으며, 이는 향후 유망한 투자 기회를 포착하는 데 도움이 된다.

우량주를 장기 보유한다

팜 시스템은 계속해서 장기적인 관점을 강조한다. 농부가 씨를 뿌리고 작물이 자라나기를 기다리는 마음을 상상해 보라. 우리는 주식시장에서 시장의 변동성 속에서 흔들리지 않고 우량주를 저가에 매수하여 오랫동안 꿋꿋이 보유해야 한다. 수차례 강조했듯이, 시장의 변동성을 기회로 삼아 시장이 크게 흔들리거나 조정 국면에 들어섰을 때 저평가된 우량주를 찾아 저가에 매수할 기회를 잡아야 한다. 많은 투자자가 공포에 빠져 매도할 때 오히려 매수하는 전략을 잊지 말자.

주식을 장기 보유할 때는 기억력의 중요성도 강조된다. 과거의 시장 움직임과 현재의 흐름을 기억해야 이를 바탕으로 미래를 예측할 수 있다. 또 시간이 지나면서 처음 투자했던 이유를 잊고 조급하게 매도하는 일을 막을 수 있다. 이뿐만이 아니라 단기 수익을 쫓아 저지른 과거의 투자 실수를 기억하면 같은 실수를 반복하지 않을 수도 있다.

팜 시스템의 핵심인 우량주를 장기 보유하는 전략은 시간의 흐름에 따른 복리 효과를 극대화하고 투자자의 삶의 질 향상에 기여하기 때문에 안정적인 수익과 심리적 안정을 바라는 투자자에게 반드시 도움이 된다. 이 전략을 잘 실행한다면 궁극적으로 진정한 경제적 자유를 이루게 될 것이다.

실패를 성공으로 바꾸는 주식투자의 기술

결국 주식은 오르기 위해 존재한다

많은 사람이 주가가 왜 오르는지 궁금해한다. 주가가 오르는 이유는 여러 가지가 있고 알아낼 수도 있지만, 언제 오를지는 아무도 모른다. 그렇기에 주식시장에서는 시간이 가장 중요한 요소로 여겨지는 것이다. 세월이 흘러가면서 주가는 자연스럽게 상승하는 경향을 보이기에 주식을 싸게 매수하고 기다리는 것이 성공적인 투자로 이어진다.

내가 언제나 강조하고 싶은 것은 주식이 존재하는 이유다. 그 이유는 단 하나, 오르기 위해 존재하는 것이다. 주식시장의 역사는 우상향을 그려왔고, 시간이 지나면서 주가는 결국 상승할 것이다. 이와 더불어 주식이 오를 때 투자자들은 수익을 얻고, 그로 인해 더 많은 사람이 주식시장에 참여하게 되는 역사가 반복될 것이다.

투자자들은 1년, 2년 또는 그보다 오랫동안 주식을 보유할 수 있어야 한다. 배당을 받으며 기다리다 보면, 결국 주가는 오른다. 투자에서 얻은 성과, 즉 수익률은 전체 보유 기간의 2~7%에 해당하는 기간에 발생한다. 그 시기가 언제일지 정확히 모르기 때문에 장기 투자를 해야 하는 것이다. 장기적인 관점에서 주식을 보유하다 보면 번개 맞는 나무처럼 대박 주식이 어느 날 갑자기 찾아온다. 하지만 어느 업종, 어느 종목이 번개에 맞을지 모르기 때문에 다양한 종목을 보유하고 있어야 대박의 기회를 맞이할 수 있다.

주식시장에서 가장 나쁜 마인드는 '조금만 먹겠다'는 생각이다. 조금만 먹고 빠지겠다는 전략은 장기적인 성공을 가로막는 원인이다. 주식투자로 성공하려면 반드시 장기적 관점에서 투자해야 한다. 좋은 종목을 찾아 오랜 기간 보유하고, 그 종목이 다시 오를 때까지 기다려야 함을 다시 한번 강조한다.

그러나 주의할 점이 있다. 주식시장에 들어온 종목은 일단 오르고 나서, 그 뒤에는 서서히 하락하며 조정을 받는다. 이때 많은 투자자가 앞서 큰 시세를 봤던 꿈을 다시 꾸며 다시 한번 주가가 오르기를 기대한다. 그러나 이미 한 번 사용된 종목은 다시 오르기 어렵다. 시세의 원리로 볼 때 이런 종목을 쫓는 것은 위험한 전략이다. 예를 들어 OCI홀딩스라는 종목은 과거에 큰 시세를 냈지만 이후 오랫동안 주가가 하락해 21,019원을 기록할 때까지 가격이 회복되지 못했다. 다음 OCI홀딩스 월간차트의 박스 친 영역을 통해 확인할 수 있는 사실이다. 이런 종목을 다시 오르기를 기대하며 매수하는 것은 위험하다. 이때는 새로운 기회를 찾아 나서야 한다.

주식투자는 마치 모델하우스의 분양사업과 같다. 대주주들

실패를 성공으로 바꾸는 주식투자의 기술

일본식차트(월간)·MA_종가,50·MA_종가,60·MA_종가,70·

최고가: 522,090(2011/04)

21,019

최저가: 585(1998/09)

| OCI홀딩스 월간차트 |

은 주식을 분양하듯이 팔아 수익을 얻고, 개인 투자자들은 그 과정에서 소액을 얻으려고 노력한다. 그래도 주식시장에서 큰 손이 되려는 욕심은 버려야 한다. 장기적인 관점에서 주식을 보유하고, 꾸준히 성장하는 종목을 찾아내 투자를 이어가는 것이 중요하다. 주식시장에서 성공하려면 세월과 기다림이 필요하다. 장기 투자를 통해 꾸준한 성장을 경험하는 것이 결국 부를 이루는 가장 확실한 방법이다.

3장

팜 시스템
실전 매매 기법

Farm System Investment

매수를 위한
최적의 타이밍

비관적 시기에 씨를 뿌려라

신중하게 씨앗을 고른 농부가 그다음으로 할 일은 한 해 농사를 직접 꾸려나가는 것이다. 언제 씨앗을 뿌리고 언제 수확할지, 출하는 어떻게 할지 생각한 뒤 행동으로 옮긴다. 이와 마찬가지로 신중하게 종목을 골라 포트폴리오를 구축한 투자자가 그다음으로는 할 일은 실전 투자에 나서는 것이다. 다시 말해서 주식을 언제 사고팔지를 생각하고 행동으로 옮겨야 한다는 이야기다.

그렇다면 주식 매수의 적절한 타이밍은 언제일까? 역설적이게도 주식을 사기 가장 좋은 시기는 시장이 가장 비관적인 상황일 때다. 주식시장이 바닥에 이르면 모두가 비관적인 태도를 보인다. 뉴스와 인터넷 매체에서 주식시장에 대한 부정적인 의견을 내놓고, 많은 투자자가 공포에 휩싸여 손해를 보고 주식을 판 뒤 시장을 떠난다. 바로 이때가 매수의 씨를 뿌려야 할 시기다.

오랜 경험을 가진 투자자들은 이러한 비관이 만연한 시점이 주식을 싸게 살 수 있는 최고의 매수 기회라는 것을 알고, 용기 있게 시장에 뛰어든다. 영원한 월가의 스승 존 템플턴은 이런 말을 남겼다. "최적의 매수 타이밍은 시장에 피가 낭자할 때다. 설령 그것이 당신의 피일지라도 말이다."

'대폭락에서 대박주가 나온다'는 사실을 항상 명심할 필요가 있다. 주가가 크게 떨어졌을 때가 가장 싸게 매수할 수 있는 기회다. 우리가 경험했던 1997년 IMF 외환위기, 2001년 9·11 테러, 2008년 글로벌 금융위기, 2020년 코로나19 팬데믹 시기를 떠올려보자. 이 시기에 주식시장은 큰 하락세를 보였다. 주식이 바닥을 치고 폭락한 바로 이때, 매수한 사람들은 이후 수백 배 수익을 거두었다. 실제로 다음의 주가 차트를 보면 1997년 한국전력, 2008년 기아, 2020년 카카오를 저가 매수한 이들은 이후 주가가 급등하면서 큰 수익을 얻었음을 알 수 있다.

실패를 성공으로 바꾸는 주식투자의 기술

최고가: 51,900(1999/06)

11,924

최저가: 8,939(1992/08)

| 한국전력 월간차트 |

최고가: 135,000(2024/06)

5,720

최저가: 4,600(2000/04)

| 기아 월간차트 |

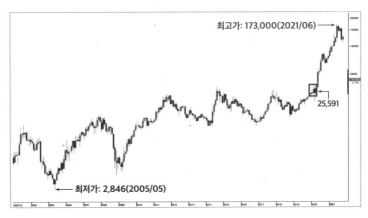

최고가: 173,000(2021/06)

25,591

최저가: 2,846(2005/05)

| 카카오 월간차트 |

　　주식시장의 역사는 반복된다. 대중이 비관적일 때 주식을 매수하고, 낙관적일 때 매도하는 것이 바로 역발상 투자의 핵심이다. "모두가 탐욕스러울 때 두려워하고, 다른 이들이 두려워할 때는 탐욕스러워라"라는 세계적 투자자 워런 버핏의 유명한 조언처럼 남들이 두려워할 때 우리는 기회를 찾아야 하고, 남들이 탐욕에 휩싸일 때 우리는 조심해야 한다.

　　공포 속에서 매수할 수 있는 용기와 시장의 흐름을 읽는 안목이 있다면, 비관적 시기에 매수한 주식은 결국 큰 수익을 안겨줄 것이다. 단언컨대 어느 시기에도 시장을 떠나지 않고 여러 번의 상승과 하락을 경험하며 계속 공부한다면 결국 진정한 통찰력을 발휘해 성공적인 투자를 할 수 있게 될 것이다.

조용하던 종목이 갑자기 급등할 때

주가는 항상 오르고 내리기를 반복한다. 급등한 종목에 뛰어드는 대신, 바닥에서 좋은 주식을 찾아 장기적으로 보유하는 것이 부자가 되는 지름길이다. 주식시장에서 많은 투자자가 큰 손실을 보는 이유는 주식투자의 본질을 이해하지 못하고 준비 없이 무작정 투자에 뛰어들기 때문이다. 특히 초보자일수록 급등하는 종목에 쉽게 끌려들어가며, 결국 손실을 보고 달아난다. 이는 '주식시장은 환란과 폭락이 오히려 큰 기회를 만들어주는 곳'이라는 본질을 알지 못해서 저지르는 실수다.

주식시장에서 가끔은 조용하던 종목이 갑작스럽게 급등하는 경우가 있다. 이런 상황을 과거에는 "정숙한 처녀가 갑자기 춤을 춘다"라는 말에 비유하곤 했다. 오랜 기간 조용했던 종목이 갑자기 거래량이 늘고, 주가가 상승하기 시작하면 주목할 필요가 있다. 다시 말해 평소 별다른 움직임 없이 박스에 갇혀 있던 주식이 거래가 활발하게 일어나면 이는 시장에서 무언가 변화가 일어나고 있음을 나타내는 신호로 볼 수 있다. 이런 추세를 보이는 종목은 향후 큰 폭으로 상승할 가능성이 크다.

이런 상황에서는 뉴스와 소문에 주의를 기울일 필요가 있다. 부정적인 뉴스가 나올 때, 오히려 주가는 반대로 상승하기도 한다. 예를 들어 경기 불황에 대한 뉴스가 쏟아질 때, 주가는 바닥에서 서서히 상승을 시작할 수 있다. 뉴스와 시장 상황을 역발상으로 바라보는 것이 투자에서 중요한 전략이다.

역발상 전략과 함께 초보 투자자가 꼭 명심해야 할 것이 있다. 초보일수록 많이 하는 실수가 감정에 휘둘려 손절매를 제대로 하지 못하는 것이다. 손절매는 성장주 투자에서는 특히 중요한 기술이다. 보유한 종목이 더 하락할지 상승할지 모를 때는 10% 정도 손실이 발생했을 때 손절매를 해야 한다. 주식시장에서 살아남기 위해서는 이 매매 원칙을 꼭 지켜야 한다.

물론 장기적인 관점에서 보유할 종목은 손절매를 하지 않고 기다릴 필요도 있다. 그런 종목은 주가가 바닥을 치고 반등할 때까지 인내심을 가지고 기다리면 결국 큰 수익을 내는 기회가 오기 때문이다.

하지만 장기적인 관점에서가 아니라 시세가 무서울 때, 공략해야 할 때는 머뭇거리다가 인기가 많은 주식의 주가가 최고점에 도달한 후에 뒤늦게 들어가 손절매를 하지 못하고 끌려 내려오는 경우가 태반이다. 주식은 팔지 말고 갖고 있어야 한다는 말은 틀렸다. 항상 장기 투자하는 것만이 능사라는 말도 옳지 않다. 시세가 끝나고 추세가 하락하는 종목들은 매도해야 한다. 그렇기에 나는 시세의 원리를 강조하고 또 강조한다.

실패를 성공으로 바꾸는 주식투자의 기술

경제 회복 시점의 투자 전략

경제 회복 시점에는 그동안 시장에서 발생한 변화를 이해하고 이를 기회로 활용하는 투자 전략이 필요하다. 경제 위기와 같은 시장의 큰 충격은 투자자들에게 위기감을 주지만, 이러한 상황 속에서도 철저한 분석과 전략만 있다면 얼마든지 큰 수익을 낼 수 있다.

경제 회복 시점에는 일부 종목의 주가가 급격히 상승하며 새로운 강세장이 형성되기 시작한다. 이 시점에 성공적인 투자를 하기 위해서는 어떤 종목이 회복 국면에서 주도할 가능성이 있는지를 미리 판단해 매수하는 것이 중요하다. 그 판단은 시장이 어려운 상황에서 회복 국면에 접어들 때 주가의 움직임을 보면 알 수 있다. 하락에 저항하거나 다른 종목들에 비해 먼저 박스권을 돌파하는 종목이 시장을 주도할 가능성이 크다.

특히 경제 회복기에는 매수하는 타이밍을 정확히 잡는 것이 중요하다. 과거 사례들을 보면 회복기에 접어든 직후에 바로 매수하는 것이 가장 좋은 성과를 낼 수 있었다. 예를 들어 2008년 글로벌 금융위기 이후 대부분의 주요 시장지수는 저점에서 수개월 이내에 큰 폭으로 반등했다. 하지만 이러한 반등은 매우 빠르게 이루어지기 때문에 초기 타이밍을 놓치면 상당한 수익을 얻을 기회를 잃을 수 있다. 그렇기 때문에 회복기에 접어들기 전, 또는 회복 초기에 적절한 분석과 판단을 바탕으로 신속하게 투자 결정을 내리는 것이 중요하다.

또한 경제 회복기의 투자는 시장의 변화를 예측하는 능력뿐 아니라 시장 심리를 이해하고 이를 활용하는 능력을 요구한다. 경제가 회복되는 시기에는 시장에 기대와 공포가 혼재되어 있기 때문에 이러한 심리적 요인을 이해하고 활용하는 투자자가 성공할 가능성이 크다.

앞서 강조했던 분산 투자의 중요성도 경제 회복 국면에서 빛을 발한다. 여러 종목에 고르게 투자하여 리스크를 최소화하는 것은 회복 시점에 더욱 강조된다. 일부 종목은 빠르게 회복하겠지만 또 다른 일부 종목은 회복이 더딜 수 있기 때문이다.

정리하자면, 경제 회복 시점에 성공적인 투자를 하기 위해서는 회복 신호를 빠르게 포착하고 주도주가 될 가능성이 높은 종목들을 미리 매수하는 전략이 가장 효과적이다. 기업의 재무 건전성과 장기적인 성장 가능성을 분석해 회복 국면에서 가장 유망해질 종목을 선별하는 것도 중요하다. 또한 다양한 종목에 고르게 투자하는 방식으로 분산 투자해 리스크를 최소화함으로써 회복기 동안 안정적인 수익을 얻을 수 있다. 이렇듯 경제 회복기에는 그 어느 때보다 철저한 전략을 실행할 수 있어야 한다.

실패를 성공으로 바꾸는 주식투자의 기술

시장 회복 시점 예측하기

그렇다면 주식시장의 회복 시점은 어떻게 예측할 수 있을까? 주식시장에는 예측 불가능한 요소가 많기 때문에 회복의 타이밍을 정확히 맞히기는 어렵다. 그러나 시장 심리와 직관을 활용한 정성적 분석을 통해 바닥을 가늠하는 것은 가능하다.

그 분석의 예로 세 가지를 들고자 한다. 첫째, 환율이 비정상적으로 치솟는 경우 시장의 불안 심리가 극대화했다는 신호일 수 있으며 이후 환율이 안정되기 시작하면 시장도 회복될 가능성이 크다.

둘째, 비관적인 뉴스가 연이어 나오는 시점이 바닥일 수 있다. 실제로 2024년, 12·3 계엄 사태가 발생했을 때 시장은 바닥을 형성했다. 반대로 시장이 상승할 때는 낙관적인 뉴스가 쏟아지는데 이때는 오히려 단기 고점일 수 있으니 주의하자.

셋째, 국내 시장을 떠나 미국 시장으로 건너가는 서학개미가 급증하는 흐름이 강해지면 국장이 바닥에 도달할 가능성이 있다. 경험이 많은 투자자는 시장 참여자들의 심리 변화를 분석해 바닥 근처에서 매수를 고려한다.

회복 시점을 기다리는 동안 투자자들은 앞서 말한 분산 투자의 이점을 체감하게 된다. 조정기 동안 특정 종목에만 집중된 포트폴리오는 큰 위험을 수반할 수 있다. 반대로 다양한 종목에 걸쳐 분산 투자한 포트폴리오는 리스크를 줄일 수 있고, 회복 시점에서 수익을 극대화할 가능성도 커진다는 사실을 잊지 말자.

바닥을 탈출하는 순간에 해야 하는 가장 중요한 일은 팜 시스템 포트폴리오 원칙을 따르는 것이다. 시장이 상승세로 접어들면 가치가 하락한 종목들이 제자리를 찾고 새로운 주도주들이 탄생하는 순간을 목격하게 될 것이다. 이때 팜 시스템 원칙에 따라 가치주를 보유하는 동시에 주도주를 포함시켜야 한다.

시장 회복 시 섹터별 회복 속도의 차이를 이해하는 것도 중요하다. 일부 산업은 다른 산업보다 빠르게 회복될 수 있으므로 회복이 빠른 섹터를 파악하여 적절히 대응하는 것이 효과적이다. 큰 조정 이후에 주도주가 탄생하는 이치를 명심하자. 그리고 경제 정책의 변화와 그 영향을 살피는 노력도 기울여야 한다.

주식시장의 반등은 예상치 못하게 찾아오는 경우가 많다. 시장이 공포에 잠식되는 순간, 투자자들은 하락에만 집중하느라 반등의 징후를 놓치기 쉽다. 평정심을 유지해 온 준비된 투자자만이 이러한 기회를 제대로 포착할 수 있다.

시장 회복의 징후를 포착하는 능력은 단순히 기술적 지표를 읽는 것을 넘어 시장의 전반적인 분위기와 투자자들의 심리를 이해하는 것도 포함한다. 안타깝게도 회복의 초기 단계에서 소수의 투자자들만이 이를 인지하고 전략적으로 시장에 진입해 큰 수익을 얻는다.

시장 회복을 예측하는 것은 직관의 영역이지만 앞서 설명한 내용을 참고해 적절한 지표와 신호를 분석하고, 감정에 휘둘리지 않으며 인내를 바탕으로 한 전략을 실행한다면 회복 시점에 맞춰 투자에 성공할 가능성을 키울 수 있다. 마라톤에서 승리하는 것은 속도가 아니라 인내다. 주식투자도 마찬가지다. 인내심 있는 투자자가 결국 승리할 것이다.

수익을 극대화하는
저점 매수 전략

가격이 아니라 추세를 산다

씨앗마다 심는 시기가 다르기는 하지만 흔히 농사의 시작은 봄이라고들 한다. 그렇다면 투자자에게 봄은 언제일까? 수익을 극대화해 주는 '저점'이 봄이다. 저점 매수는 안전마진 확보로 확실한 수익을 올리는 전략이다. 주식시장에서 저점이란 주가가 하락한 지점을 의미하지만 반드시 반등을 의미하지는 않는다. 따라서 저점 매수의 핵심은 일시적 저점이 아닌, 주가가 더이상 하락하지 않고 반등할 가능성이 큰 시점을 포착하는 것이다. 투자자에게 큰 수익을 가져다줄 수 있는 핵심적인 기술 중

실패를 성공으로 바꾸는 주식투자의 기술

하나지만 노하우가 없으면 실제로 실행하기가 쉽지 않다.

성공적인 저점 매수의 대표적인 방법으로 '우량주의 장기적인 조정 이후 나타난 기회 포착'을 들 수 있다. 우량주는 먼저 조정을 받고 시장이 더 큰 조정에 들어갔을 때 반등의 기회를 제공하기 때문에 조정받은 시점에 저점 매수하면 된다. 시장이 하락할 때는 불안감에 사로잡혀 주식을 매도하는 경우가 많으나 오히려 이때가 좋은 매수 타이밍일 수 있다. 실제로 몇몇 우량 종목이 급락 후 빠르게 회복하여 높은 수익률을 기록했다.

저점 매수에서 중요한 또 다른 전략은 추세를 살피는 것이다. 투자 고수들은 단순히 가격을 보고 매수하지 않고 추세를 보고 매수한다. 시장이 하락한 후 추세가 바닥을 찍고 상승할 때, 상승 추세를 확인한 후 매수를 진행하는 것이다.

저점 매수의 성공 사례는 다양한 산업 분야에서 찾아볼 수 있다. IT 산업에서는 기술 혁신 이슈와 시장 변화를 주시하면 주기적으로 저점 매수 기회를 포착할 수 있다. 또 경기 순환 산업에서도 경제 사이클에 따른 저점 매수 기회가 자주 나타난다. 최근에는 조선업황이 오랜 침체를 벗어나 살아나는 추세다.

다음의 삼성중공업 월간차트에서 박스 표시한 영역이 업황이 살아나기 시작한 시점이다. 2000년대 초반에는 세계 무역량이 증가하면서 선박 수요가 급증해 조선업이 호황을 맞았다. 이후 2003~2007년에는 현대중공업과 삼성중공업 같은 국내 우리나라 대형 조선사가 수주량, 수주 잔량, 건조량 모두 세계 1위를 기록하며 글로벌 선두 자리를 지켰다. 그러나 2008년 글로벌 금융위기를 거치면서 하락 사이클로 접어들었고 이후 한동안 침체기를 겪다가 2020년부터 시작된 상승 사이클을 지나는 과정에 있다. LNG 추진선 등 친환경 선박 수요가 급증하면서 기술력과 생산 역량을 갖춘 한국 조선사들이 이 분야에서 경쟁 우위를 확보했고, 2025년 미국이 중국을 견제하고 K조선과의 협력을 공표하면서 조선업종은 20년 만에 초호황기를 맞았다. 이러한 사례는 투자자들에게 실질적인 지침을 제공한다.

　그러나 단순히 주가가 낮다고 해서 저점 매수할 기회로 보아

| 삼성중공업 월간차트 |

　　　　　　　　실패를 성공으로 바꾸는 주식투자의 기술

서는 안 된다. 주가의 하락이 일시적인 조정인지 혹은 구조적 문제로 인한 것인지 검토해야 한다. 계속해서 강조했듯이 기업의 부채비율, 현금흐름, 영업이익률 등을 종합적으로 검토하여 기업의 실질적인 가치를 평가해야 한다. 기업의 재무 건전성과 성장 잠재력을 철저히 분석한 후에 매수 결정을 내려야 성공 확률을 높일 수 있다.

또한 저점 매수할 때도 분산 투자하는 원칙은 지켜져야 한다. 단일 종목에 모든 자금을 쏟아붓지 말고 여러 종목에 골고루 나누어 투자해야 안전하고 효율적이다. 현명한 투자자는 자금을 분산하여 여러 종목에 투자하고, 각 종목의 비중을 적절히 조절한다. 한 종목에 너무 많은 자금을 투자하는 것은 큰 리스크를 동반한다는 사실을 잘 알기 때문이다. 분할 매수 전략도 효과적이다. 여러 번에 나누어 매수함으로써 평균 매수 단가를 낮출 수 있다.

마지막으로, 성공적인 저점 매수는 투자자의 감정 관리와도 밀접하게 연관되어 있다. 앞서 말했듯이 공포심이 들 때 매수하고 탐욕이 생길 때 매도하는 것이 중요한 원칙이다. 이렇듯 저점 매수에도 '역발상 전략'을 적용해야 한다. 투자자 대다수가 공포에 휩싸여 매도할 때를 저점 매수의 기회로 활용한다.

성공적인 저점 매수는 단순히 운이 아닌, 체계적인 접근과 경험을 통해 얻을 수 있는 기술이다. 주가가 하락한다고 해서 서둘러 매수하면 추가적인 하락으로 손실을 볼 수 있으므로 충분한 시간을 두고 주가의 움직임을 관찰하면서 명확한 반등 징후가 나타날 때까지 기다려야 한다.

신중하게 저점 매수한 뒤에는 인내심을 가지고 기다리는 태도가 필요하다. 저점에서 매수했다고 해서 즉시 주가가 상승하는 것은 아니다. 때로는 상당 기간 횡보하거나 추가 하락할 수도 있다. 이때 흔들리지 않고 자신의 투자 결정을 믿고 기다리는 것이 중요하다. 일시적인 주가 하락에 흔들리지 않고 장기적인 시각을 유지해야 한다. 주가가 즉시 반등하지 않더라도 기업의 펀더멘털이 튼튼하다면 의심하지 않고 기다린 전략이 내가 주식투자로 성공을 거둔 비결이다.

젊은 시세는 눈을 감고도 산다

저점 매수 전략에서 중요한 것은 단순히 저점을 포착하는 것만이 아니라, 적절한 시점에 투자하는 것이다. 가장 이상적인 저점 매수는 급락할 때 시장의 과매도 국면을 활용하는 것이다. 즉, 급락 후 저점에 도달한 우량주를 발견하는 것이다. 이때 우

실패를 성공으로 바꾸는 주식투자의 기술

량주는 긴 조정을 거쳐 바닥권에서 오랫동안 횡보하고, 시장에서는 추가적인 악재가 나올 수도 있다. 하지만 이 구간에서 큰 손들이 서서히 매집하는 경우가 많으므로 이들과 함께 매수하는 전략이 유효하다.

"젊은 시세는 눈을 감고도 산다"라는 말은 아직 성장 가능성이 충분한, 새로 출발하는 강한 시세의 종목을 매수하는 것을 의미한다. 늙은 시세와 젊은 시세를 구분하는 것이 고수의 핵심 자질이며, 이미 성장이 끝난 주식과 아직 성장 잠재력이 큰 주식을 구분하는 능력이 중요하다는 뜻이다.

PER 값이 낮은 저PER 주식을 선택하는 것도 하나의 전략이다. 보통 PER 값이 10배 이하일 경우 저PER로 간주한다. 저PER은 기업의 미래 가치가 현재 저평가된 상태에서 매수할 수 있는 기회를 제공한다. 바닥에서 매수한 '산삼주(잘 알려지지 않았지만 앞으로 크게 성장할 가능성이 있는 주식)'는 오랫동안 기다릴 수 있는 인내심이 필요한 종목이다. 산삼주는 지금 싸게 살 수 있지만 오랜 시간 동안 성장을 기다려야 제대로 된 수익을 얻을 수 있기 때문이다.

저점 매수 시 또 신경 써야 할 점은 개별 종목의 바닥과 함께 시장의 전반적인 흐름을 파악하는 것이다. 거시경제 지표와 시장 전체의 동향을 함께 고려하는 것이 좋다. 매수 타이밍은 박스권 돌파 후 다시 하락하는 순간으로 잡는 것이 가장 이상적이다. 이는 시장이 다시 상승세를 보일 때 급등하기 전의 저점을 잡을 수 있는 기회를 제공한다.

저점 매수 후 주가가 더 하락할 가능성에 대비하는 자세도 필요하다. 이를 위해 목표 투자 금액의 일부만 먼저 투자하고 추가적인 하락이 있을 때 나머지를 투자하는 분할 매수 전략을 활용할 수 있다.

저점 매수를 위해서는 충분한 현금 또한 보유하고 있어야 한다. 앞서 팜 시스템 투자 원칙에 따라 평소 포트폴리오의 일정 부분을 현금으로 유지할 것을 권장했다. 시장이 하락할 때 추가 매수할 수 있는 여력이 있어야 주식을 낮은 가격에 매수해 안전 마진을 확보할 수 있다.

저점 확인을 위한 7가지 신호

이제 저점을 파악하는 법을 구체적으로 살펴보자. 기술적 분석이 중요한 도구가 된다. 저점을 확인하기 위한 첫 번째 신호는 '거래량의 변화'다. 주가의 지지선과 저항선을 파악하고, 거래량의 변화를 주시해야 한다. 주가가 지지선에 가까워지면서

저항선	상승하던 주가의 흐름이 둔화하며 하락하는 구간. 해당 구간 캔들의 고점을 선으로 이었을 때 더 위로 올라가지 못하고 긴 일직선의 모습을 보인다. 주가가 저항선을 돌파하면 새로운 상승 추세가 시작될 수 있다.
지지선	하락하던 주가의 흐름이 둔화하며 상승하는 구간. 해당 구간 캔들의 저점을 선으로 이었을 때 더 아래로 내려가지 않고 긴 일직선의 모습을 보인다. 주가가 지지선을 깨면 하락 추세로 접어들 가능성이 크다.
추세선	주가가 움직이는 방향을 나타낸다. 주가가 상승하는 우상향 추세선과 주가가 하락하는 우하향 추세선, 주가가 크게 오르거나 내리지 않고 일정한 범위 내에서 움직이는 횡보 추세선으로 구분한다.

| 차트의 패턴 분석 요소 |

거래량이 증가하는 양상은 저점 형성의 신호일 수 있다. 주가가 하락할 때, 거래량이 증가하면서도 주가가 더 이상 크게 떨어지지 않으면 이는 매수세가 강해지고 있음을 나타낸다. 많은 투자자들이 주식을 사들이기 시작하면, 시장은 더 이상 하락하지 않고 안정기에 접어들 수 있다.

두 번째 신호로 '주가와 이동평균선의 관계'를 들 수 있다. 이동평균선은 주가의 장기적인 추세를 나타내므로 주가와의 관계가 중요한 의미를 가진다. 주가가 200일 이동평균선 같은 장기 이동평균선에 접근하거나 이를 하회하다가 다시 상승하기 시작하면, 이는 저점 형성의 신호일 수 있다.

세 번째 신호는 'MACD 지표'로 확인할 수 있다. MACD 지표는 이동평균선을 활용해 추세의 방향과 강도를 분석하는 지표다. MACD 지표가 하락세(0 아래)에서 상승세(0 위)로 전환될 때 (아래쪽 음수에 있던 MACD선이 위쪽 양수로 가기 시작할 때), 특히 0선을 돌파하는 시점을 저점이 형성된 신호로 볼 수 있다. 다음의 HD현대중공업 일간차트를 보면 MACD가 0을 돌파하는 동시에 직전 고점을 돌파하면서 상승 추세로의 전환이 일어났다. 이후 주가는 상승 추세를 유지하면서 신고가를 경신하는 모습을 보였다. 이러한 지표는 많은 투자자들이 참고하는 도구로, 주식의 방향 전환을 확인할 때 유용하게 사용된다.

최고가: 371,500(2025/02/13)

최저가: 89,700(2021/12/17)

| HD현대중공업 일간차트 |

　　　　　　　실패를 성공으로 바꾸는 주식투자의 기술

저점 확인에 도움을 주는 네 번째 신호로 '섹터 로테이션'이 있다. 섹터 로테이션은 주식시장에서 특정 산업이 다른 산업에 비해 상대적으로 더 좋은 실적을 보일 때 투자자들이 자금을 한 섹터에서 다른 섹터로 이동시키는 현상을 말한다. 시장이 전반적으로 하락하는 가운데 특정 섹터가 상대적으로 강세를 보이기 시작하면, 이는 전체 시장의 저점이 가까워졌음을 의미할 수 있다. 특히 경기에 따라 크게 영향받는 '경기 민감 섹터'가 강세를 보이기 시작하면, 이는 경기 회복에 대한 기대감이 반영된 것으로 해석된다.

다섯 번째 신호는 '시장 심리'다. 주식시장에 두려움이 팽배할 때, 많은 투자자들이 공포에 휩싸여 매도에 나서는 시점이 바로 저점일 가능성이 크다. "공포가 극에 달했을 때 매수하라"는 말을 따라 대중이 두려움에 빠져 너도나도 주식을 팔 때를 저점 매수 시점으로 본다.

여섯 번째 신호는 '경제 뉴스와 시장의 분위기'다. 주식시장이 지속적으로 하락하는 가운데, 경제 전문가들이 비관적인 전망을 내놓을 때가 저점일 가능성이 크다.

일곱 번째로 신호로 '기업의 펀더멘털 분석'을 들 수 있다. 이는 저점을 확인하는 중요한 도구다. 주가가 하락했더라도 기업의 재무 상태가 탄탄하고 향후 성장할 가능성이 보인다면 그 기업의 주식은 잠재적인 저점일 수 있다. 매출, 이익, 부채비율 지표를 분석해 기업이 일시적인 어려움을 겪고 있는지 아니면 근본적인 문제가 있는지를 파악하도록 하자.

결론적으로 저점을 확인하는 것은 단순한 차트 분석 이상이다. 거래량의 변화, 기술적 지표, 섹터 동향, 시장의 흐름, 투자자 심리, 기업의 펀더멘털을 종합적으로 고려해야 하기 때문이다. 이러한 다양한 신호들을 이해하고 활용할 수 있다면 주식시장에서 저점 매수 타이밍을 성공적으로 포착할 수 있을 것이다.

저점 매수에 실패하는 이유

주가가 하락할 때 추가적인 하락을 예측하지 못한 채 매수에 나서면 손실이 커진다. 코로나19 팬데믹 초기에 많은 투자자가 하락장에서 주식을 매수했다가 이후 시장의 추가적인 하락으로 인해 큰 손실을 보고 시장을 떠났다. 이는 투자자들이 시장의 흐름을 성급하게 판단한 실패 사례다.

지나친 기대도 저점 매수에 실패하는 중요한 요인이다. 투자자들은 주가가 반등할 때 큰 수익을 얻고자 하는 기대감에 기존 주식을 매도하지 않고 너무 오랫동안 보유하다가 다른 좋은 주

실패를 성공으로 바꾸는 주식투자의 기술

식을 저점 매수할 기회를 놓친다. 주가는 예상대로 반등하지 않거나 반등이 매우 약하게 나타나는 경우가 많다.

저점 매수 실패의 또 다른 원인은 시장 심리에 휘둘리는 것이다. 많은 투자자가 시장의 공포 분위기에 영향을 받아 냉정한 판단을 하지 못한다. 이는 객관적인 분석보다는 감정에 의한 결정을 내리게 만들어 실패로 이어지게 한다.

마지막으로, 시장의 변동성을 과소평가하는 것도 원인이 된다. 많은 투자자가 주가가 일정 수준 이하로 떨어지지 않을 것이라고 가정하지만 실제로 시장은 예상보다 더 큰 변동성을 보이기도 한다. 이러한 변동성을 제대로 인식하지 못하면 큰 손실로 이어질 수 있다.

따라서 시장의 흐름을 신중히 분석하고 기업의 펀더멘털을 철저히 검토하며 비중을 적절히 조절하는 것이 저점 매수에 성공하는 전략이 된다. 또한 지나친 기대를 버리고 매수매도 시점을 적절히 판단하는 결단력이 필요하다. 그러나 앞서 말했듯이 실패 경험은 성공의 발판이 될 수 있다. 이를 염두에 두고 실패 사례를 통해 얻은 교훈을 향후 투자에 활용하는 지혜를 발휘한다면 초보 투자자 딱지를 떼고 진정한 투자자로 거듭나게 될 것이다.

박스권 돌파 전략의
실전 적용

매수와 매도의 치열한 힘겨루기

박스권은 특정 종목의 주가가 일정한 가격 범위 내에서 상승과 하락을 반복하며 움직이는 구간을 의미한다. 주식은 일정 기간 동안 박스권에서 매물을 소화하며 매수와 매도가 치열하게 진행되는데, 이 시기에는 주가가 큰 폭으로 상승하거나 하락하지 않고 횡보하는 모습을 보인다. 박스권에서의 매수매도는 이렇게 큰 변동 없이 횡보하는 주가 범위 안에서 반복적으로 이루어지며, 투자자들은 이 구간이 언제까지 지속될지 모른 채 주식을 거래하게 된다.

실패를 성공으로 바꾸는 주식투자의 기술

그런데 사실 이러한 박스권이 형성된 주식은 세력이 개입해 매집 중이거나 추가 상승을 기다리는 종목일 가능성이 크다. 이 구간에서는 힘 있는 세력이 주식을 매집하면서 시장의 반응을 지켜본다. 세력의 매집은 흔히 주식의 저점에서 이루어지며, 이 때 박스권이 형성되기 시작한다는 사실을 알면 좋다.

이제 이러한 이해를 바탕으로 다음과 같은 전략을 사용하면 된다. 첫째, 매집이 진행되는 동안 앞서 말한 것과 같이 주가가 큰 변동 없이 횡보하게 되니 이것을 주식의 매물이 충분히 소화되고 있다는 신호로 해석할 수 있어야 한다.

둘째, 박스권 상단에서 주식을 매수하지 않고 박스권 하단에서 조정받은 주식에 주목하는 것이 유리하다.

셋째, 시장 전체가 하락하거나 조정 국면에 들어서면서 박스권이 형성되면 박스권 하단부에서 세력과 함께 매수하여 기다리는 전략을 쓰면 된다. 단언컨대 이렇게 매수한 주식이 박스권을 돌파하며 급등할 가능성이 크다.

이때 주가는 박스권 상단에 가까워지면 매도세가 강해져 하락하고, 하단에 가까워지면 매수세가 강해져 상승하는 패턴을 반복한다. 이 범위를 돌파할 때, 시장에서는 강한 상승세를 기대하게 된다. 실제로 2010년에 삼성전자를 비롯한 반도체 업종의 대장주들이 박스권에서 오랜 기간 횡보하다가 돌파하며 큰

| 삼성전자 월간차트 |

상승세를 보였다. 삼성전자 월간차트의 박스 표시 영역을 참고
하자.

박스권을 돌파하고 나면 잠깐의 조정을 거치더라도 결국 주
가는 급격한 상승 곡선을 그리기 시작한다. 따라서 주도주가 형
성되는 구간에서 나타나는 '첫 번째 돌파'는 특히 눈여겨봐야 한
다. 주도주는 가장 먼저 상승 신호를 보이면서 이후 다른 종목
들로 확산되는 상승 흐름을 견인하는 역할을 한다. 다시 말해서
주도주의 박스권 돌파는 한 종목의 상승만을 의미하지 않으며
전체 시장 분위기 전환의 시발점이 될 가능성이 크다. 따라서
이 시점을 포착하는 안목이 투자 성과를 좌우할 수 있다.

실패를 성공으로 바꾸는 주식투자의 기술

박스권 돌파의 실제 사례

2010년 당시 반도체 시장의 확장과 함께 삼성전자의 성장 가능성이 주목받았고, 삼성전자의 주가는 계속해서 상승했다. 하지만 내가 강조하고 싶은 점은 현명한 투자자라면 단순히 주가 상승만 보지 않고 박스권 내에서의 주가 움직임을 본다는 사실이다. 당시 삼성전자 주가는 박스권 내에서 일시적인 조정을 겪었고, 이로 인해 많은 투자자들이 잠시 혼란에 빠지기도 했다. 그러나 이 시점에서의 조정은 상승을 위한 준비 과정에 불과했으며 박스권을 돌파한 이후 주가는 급격히 상승했다.

삼성전자 주가가 박스권을 돌파한 이후 상승한 이유는 시장의 긍정적인 전망과 함께 대규모 투자가 이루어졌기 때문이다. 이때 삼성전자는 반도체 산업의 주요 성장 동력이었기 때문에 시장 수요 또한 급격히 증가했다. 많은 투자자가 이를 기회로 보고 삼성전자 주식을 매수했고, 결과적으로 주가는 계속해서 상승했다. 박스권 돌파 부분을 표시한 다음의 삼성전자 월간차트를 참고하자.

박스권 돌파 직후 매수한 종목도 방치해서는 안 된다. 매수 이후에도 주가 흐름을 꾸준히 관찰하고 일정한 지지선을 형성하는지 그 여부를 판단하는 것이 중요하다.

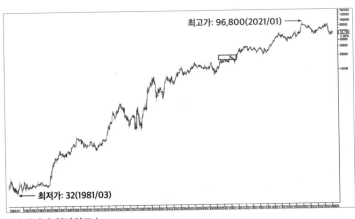

최고가: 96,800(2021/01)

최저가: 32(1981/03)

| 삼성전자 월간차트 |

　　박스권을 돌파한 또 다른 주식의 사례로 카카오를 들 수 있다. 카카오는 2010년대 후반, 모바일 플랫폼의 확장과 함께 주가가 크게 상승하기 시작했다. 초기에는 주가가 박스권 내에서 큰 변동 없이 유지되었으나 모바일 기술의 발전과 비즈니스 확장이 주목받으면서 박스권 상단을 돌파했다. 카카오는 해당 시점에 모바일 메신저와 플랫폼 사업을 통해 수익을 다각화하면서 성장 가능성이 커졌고, 박스권 돌파 후 주가는 꾸준히 상승했다. 중요한 것은 박스권 돌파 이후를 꾸준히 관찰했을 때 지속적인 성장을 보여주었고 주가가 우상향했다는 점이다.

　　반대로 한때 주목받았던 중소형 IT 기업이 박스권 상단을 돌

실패를 성공으로 바꾸는 주식투자의 기술

최고가: 173,000(2021/06)

최저가: 2,846(2005/05)

| 카카오 월간차트 |

파했을 때 많은 투자자들이 이를 기회로 보고 매수했으나, 이후 주가는 다시 박스권 하단으로 하락했다. 이 경우 기업의 실적 부진과 업계의 경쟁 심화가 원인이었으며, 주가는 오히려 장기간 조정 국면에 들어섰다. 따라서 앞서 강조했듯이 박스권 돌파만을 매수 신호로 삼지 않고 기업의 펀더멘털 분석과 시장 상황을 종합적으로 고려해야 한다.

정리하자면, 박스권 돌파 신호를 포착한 후에도 주가가 안정적으로 상승하는지 살피고 기업의 펀더멘털을 꾸준히 분석하면서 매수 이후에는 팜 시스템의 원칙을 적용해 추가적인 매수 타이밍을 잡거나 리스크 관리 계획을 세워 실천하는 것이 바람직하다.

진짜 돌파 vs 가짜 돌파

본격적으로 박스권 돌파 전략을 알아보기에 앞서 기본적으로 알아두어야 할 내용을 정리하고자 한다. 박스권은 주가가 힘을 모으는 구간이기도 하다. 마치 에너지를 축적한 후 어느 방향으로든 움직일 준비를 하는 상태와 같으며 주식이 더 큰 움직임을 준비하는 시기인 것이다. 그래서 박스권을 벗어나는 돌파가 발생하면 주가는 새로운 흐름을 보일 가능성이 크다. 주식이 박스권 상단을 돌파하면 매수 신호로 해석되고, 하단을 이탈하면 매도 신호로 해석된다.

투자자는 박스권 돌파 시 이것이 진짜 돌파인지 가짜 돌파인지 판단할 수 있어야 한다. 박스 돌파 후 주가가 다시 박스권 범위 내로 복귀해 더 이상 상승세를 유지하지 못하는 경우 가짜 돌파에 해당한다. 이런 상황은 매수세가 충분하지 않거나 시장 전반의 분위기가 불안정할 때 발생한다. 가짜 돌파로 손해를 보지 않기 위해서는 돌파 후 주가가 눌리는 '눌림목'을 매수 기회로 삼는 전략이 필요하다. 이에 관해서는 뒤에서 더 자세히 다룰 예정이다.

또 박스권 돌파를 파악할 때는 거래량 분석이 중요하다. 일반적으로 진짜 돌파는 거래량의 증가를 동반한다. 거래량이 급

실패를 성공으로 바꾸는 주식투자의 기술

증하면서 주가가 박스권을 벗어나는 경우 이를 강력한 매수 신호로 해석할 수 있다. 반면 거래량이 미미한 상태에서의 돌파는 가짜 돌파일 가능성이 크니 주의하자.

박스권 형성 기간도 고려해야 한다. 오랜 기간에 걸쳐 형성된 박스권일수록 돌파의 의미가 더 크다. 예를 들어 6개월 이상 지속된 박스권을 돌파하는 경우, 이는 매우 강력한 매수 신호로 해석할 수 있는 반면 6개월 미만으로 형성된 박스권의 돌파는 상대적으로 신뢰도가 낮다.

박스권 돌파 전략을 사용할 때는 앞서 언급했듯이 시장 전체의 흐름도 함께 고려해야 한다. 개별 종목의 박스 돌파가 시장 전체의 상승 트렌드와 일치할 때 그 신뢰도는 더욱 높아진다. 반대로 시장이 하락 추세에 있을 때 개별 종목의 상승 돌파는 지속성이 떨어질 수 있으니 신중해야 한다.

결론적으로, 박스권 돌파 전략은 기회와 리스크를 동시에 내포한 전략이므로 잘 공부해서 활용해야 한다. 앞서 이야기한 대로 거래량 분석, 박스권 형성 기간, 시장 전체의 흐름을 종합적으로 고려해 신중하게 접근한다면 이 전략은 매우 효과적인 투자 도구가 되어준다.

시장의 흐름을 따라 매수하라

이제 박스권 돌파 전략을 구체적으로 살펴볼 차례다. 박스권 돌파 직후에는 주가가 급등할 수 있으므로 매수 타이밍을 잘 잡는 것이 우선이다. 실제로 박스권 돌파 전략을 성공적으로 활용한 사례를 살펴보면 '어떻게 매수 타이밍을 잡는가'가 핵심임을 알 수 있다. 따라서 시장 전체의 흐름을 이끄는 주도주의 흐름을 따라 매수하는 전략을 세우는 것이 좋다.

이 과정에서 섣부르게 매수하지 않고 박스권을 돌파한 직후의 눌림목에서 추가 매수를 시도하는 전략이 효과가 있다. 눌림목이란 박스권을 돌파한 주식이 단기적으로 상승한 후, 일시적인 조정을 받아 다시 하락하는 구간을 말한다.

이 구간에서 주식을 매수하면 상대적으로 안전하게 상승 추세에 올라탈 수 있다. 이 시점에는 매도세가 조금 가라앉고 다시 상승을 위한 준비가 이루어지기 때문이다. 주의할 점은 이때 주가가 이전 박스 상단에서 지지되는지를 확인해야 한다는 것이다. 지지가 확실하다면 상승 추세로 확인해 추가 매수 기회를 잡을 수 있다.

다음의 HD현대일렉트릭 일간차트에 박스 표시한 5개의 눌림목 구간을 보면 알 수 있듯이 해당 구간에서 주가는 상승 추

실패를 성공으로 바꾸는 주식투자의 기술

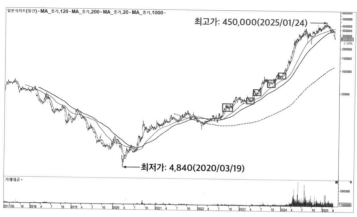

| HD현대일렉트릭 일간차트 |

세를 유지하면서도 간헐적으로 박스권 조정을 거치고, 다시 고점을 돌파하는 흐름을 보이고 있다. 또 장기 이동평균선 위에서 움직이고 있다는 점에서 우상향 추세가 견고하다는 사실을 확인할 수 있다.

박스권 돌파가 성공적으로 이루어진다면 해당 주식은 이후에도 지속적인 상승 흐름을 이어갈 가능성이 크다. 하지만 돌파에 실패한다면 시장에서 세력이 개입하지 않았을 가능성이 크고 이로 인해 추가 상승 동력이 부족할 수 있다. 이러한 경우 주식은 다시 박스권 범위 안에서 횡보하거나 하락할 수 있다.

박스권 형성과 돌파 신호를 정확히 이해하고 활용하는 것은 실전 투자에서 성공의 문을 여는 중요한 열쇠다. "시세는 시세에게 묻는다"라는 격언처럼 시장의 흐름을 철저히 분석하고 그 흐름을 따라가는 투자자가 장기적으로 수익을 창출할 수 있기 때문이다.

팜 시스템에 따른 분할 매수 전략은 이 경우에도 리스크를 관리해 심리적 부담을 줄이면서도 최적의 매수 시점을 놓치지 않게 해준다. 이렇듯 매매는 유연하게 해야 한다. 그래야 타이밍에 덜 의존하면서 투자 성과를 향상시키게 된다.

박스권 돌파 전략의 실패 이유와 대응법

그러나 박스권 돌파 전략이 항상 성공하지는 않는다. 그 이유와 함께 명심해야 할 부분을 알아보면 다음과 같다. 첫째, 소형주나 변동성이 큰 종목은 박스권 돌파 후 상승세가 지속되지 않고 다시 하락할 수 있기에 주의해야 한다. 이는 박스권 돌파가 강력한 매수세가 아닌 단기적인 가격 변동에 의한 결과일 경우에 발생하는 일이다.

둘째, 시장의 전체적인 흐름을 간과하면 실패할 수 있다. 주식은 개별 종목의 성과뿐만 아니라 시장 전체의 상황에 큰 영향을 받기 때문에 시장이 전체적으로 불안정하거나 하락세에 있을 때는 박스권 돌파가 일시적인 현상에 그칠 수 있다.

셋째, 실패를 피하려면 팜 시스템 투자 원칙을 토대로 주도주와 가치주를 혼합 매수해 리스크를 관리하는 것이 좋다. 이러한 전략적 투자로 특정 종목의 실패가 전체 포트폴리오에 미치는 영향을 최소화할 수 있다.

넷째, 체계적인 매매 계획을 수립하는 것도 중요하다. 박스권 돌파 시 주가가 상승세를 보이는 동시에 시장 참여자들의 심리도 크게 흔들릴 수 있다. 이렇게 주가가 급등할 때 감정에 휘둘려 과도한 투자를 하거나 상승 추세가 확인되지 않고 하락하는데도 패닉에 빠져 손절매하지 못하는 이들이 많다. 이를 방지하기 위해 주가가 박스권을 돌파하면 어느 시점에 추가 매수를 할 것인지, 반대로 하락하면 어느 시점에 손절매를 할 것인지 그 기준을 미리 명확히 설정해 두는 것이 바람직하다. 이것이 올바른 추세매매의 핵심이다.

다섯째, 리스크 관리를 위해 시장 상황에 따른 유연한 대응도 필수적이다. 박스권 돌파 후 시장 전체가 하락세로 전환되는 예상치 못한 변화에 맞닥뜨렸을 때, 매수 계획을 일시적으로 중단하거나 포트폴리오를 조정하는 융통성이 필요하다. 손실 한도를 정해두는 것도 도움이 된다. 각 종목별로 최대 손실 허용 범위를 정해두고, 이를 초과할 경우 즉시 매도하는 규칙을 세우는 것이다. 이는 감정적 판단을 배제하고 객관적인 기준에 따라 투자할 수 있게 해줌으로써 장기적인 수익을 확보하도록 돕는 중요한 전략이다.

기업의 성장 단계별
추가 매수 전략

기업의 성장 사이클을 이해하라

주식시장에서는 종목이 자연의 순환처럼 일정한 흐름을 따라 성장하고 쇠퇴한다. 그렇기 때문에 기업의 성장 단계를 이해하고 초기 성장 단계, 성숙 단계, 쇠퇴 단계라는 라이프 사이클에 따라 투자 전략을 달리해야 효과적이다. 각 단계마다 기업의 특성과 리스크가 달라지므로 해당 단계에 맞는 적절한 접근이 필요한 것이다.

그래서 나는 '기업의 성장 단계별 매수 전략'을 적용해 투자할 것을 권한다. 이는 기업의 성장 과정을 단계적으로 살펴 투자하는 방식으로, 성장 양상을 지속적으로 모니터링하면서 적절한 시점에 추가 매수하는 전략이다.

그렇다면 이제 기업이 어떤 단계를 거쳐 성장하는지 알아보고 단계별로 어떤 전략을 사용하면 되는지 살펴보자. 첫 번째 단계는 '성장 초기 신호가 감지되었을 때'다. 이 단계에서 기업은 매출이 꾸준히 증가하고 재무 상태가 개선되기 시작하며 그 기업이 속한 산업 전반에 긍정적인 흐름이 나타난다. 이때 소량의 추가 매수를 고려하는 것이 좋다.

두 번째 단계는 '주가가 박스권을 돌파하거나 저항선을 넘어설 때'다. 이는 기업의 성장이 시장에 반영되기 시작했다는 신호다. 이때는 박스권 돌파 확인 후 눌림목에서 매수하는 전략이 효과적이다.

세 번째 단계는 '기업의 성장이 명확히 보이는 시점'이다. 이때는 주가가 지속적으로 상승하며 기업의 실적도 꾸준히 개선되는 모습을 보인다. 이 단계에서는 추가 매수로 수익을 극대화하는 기회를 잡을 수 있다.

마지막 네 번째 단계는 '성장이 정점에 도달하는 시점'이다. 이때는 추가 매수보다는 매도를 통한 수익 실현을 고려해야 한다. 주가가 최고점에 근접했다고 판단되는 주식이 속해 있는 포지션을 정리하는 것이 좋다.

실패를 성공으로 바꾸는 주식투자의 기술

이 전략을 실행할 때도 기업의 재무제표, 산업 동향, 시장 분위기 등을 종합적으로 분석해야 한다. 또한 각 단계별로 적절한 매수 비중을 설정하는 것도 중요하다. 이 전략의 장점은 리스크를 분산시키면서도 높은 수익을 추구할 수 있다는 것이다. 초기에는 소량 매수하고 성장이 확실해질 때 비중을 늘리는 방식으로 리스크를 관리하면서 수익을 극대화할 수 있다.

그러나 이 전략은 높은 수준의 분석력을 요구하며 그 효과를 제대로 보려면 성장이 예상보다 더디게 진행될 경우에는 인내심도 발휘해야 한다. 마지막으로, 이 전략은 개별 기업뿐만 아니라 산업 전체의 성장 사이클에도 적용할 수 있다. 특정 산업이 성장기에 접어들었을 때, 해당 산업에서 가장 앞서 있는 선두 기업들을 찾자. 선두 기업이 높은 성장을 보일 가능성이 크기 때문이다. 이 시점에 선두 기업들에 단계적으로 투자하면 된다.

성장하는 기업의 7가지 특징

성장하는 기업들은 반드시 특징적인 신호를 보낸다. 그 신호에 집중하면 기업의 성장을 앞서서 파악할 수 있다. 기업의 성장 신호 7가지는 다음과 같다.

첫째, 기업의 실적이다. 매출과 영업이익의 꾸준한 증가가 기업의 건강한 성장을 나타내는 지표다.

둘째, 산업 트렌드다. "큰 물결을 타면 작은 배도 멀리 간다"라는 말이 있다. 성장하는 산업에 포함된 개별 기업들이라면 자연스럽게 성장할 가능성이 크다.

셋째, 경영진의 비전이다. 명확한 비전과 장기적 전략을 가진 경영진은 기업의 지속적인 성장을 이끌어낼 수 있다. 이는 기업의 미래 방향성을 결정짓는 중요한 요소기에 매우 중요하다. 아무리 훌륭한 기업도 경영진이 잘못된 판단을 내리면 무너지는 것은 순식간이다. 그래서 장기적으로 큰 수익을 안겨줄 기업을 찾을 때는 회사의 CEO에 관해 조사해 보는 것도 도움이 된다.

짐 콜린스의 《좋은 기업을 넘어 위대한 기업으로》에 따르면 위대한 회사의 리더는 대중 앞에 나서기를 꺼리고 조용하며 매우 겸손하고 자신을 낮추는 데 익숙하다. 또한 회사 성과의 모든 공을 자신이 아닌 직원의 것으로 돌린다. 그런 면에서 볼 때 현재 테슬라의 일론 머스크는 의문을 가져볼 만한 인물이다. 대중 앞에 나서기를 좋아하고 뉴스에 자주 등장하는 모습은 위대한 회사 CEO와는 거리가 멀다. 이 관점에서 코카콜라, 코스트코, 월마트, 버크셔 해서웨이를 모범적인 기업으로 볼 수 있다.

실패를 성공으로 바꾸는 주식투자의 기술

넷째, 기업의 시장 점유율이다. 시장에서 점유율을 꾸준히 확대하는 기업은 장기적으로 더 큰 성장을 이룰 가능성이 크다. 이는 기업의 경쟁력과 성장 잠재력을 나타내는 중요한 지표다. 경쟁 기업들을 제치고 성장하는 기업을 찾는 노력은 투자의 장기적인 성공을 위해 필수적이다.

다섯째, 기업의 혁신 능력과 R&D 투자다. 이 2가지는 기업의 미래 경쟁력을 결정짓는 핵심 요소다. 특히 기술 산업에서는 이 요소가 더욱 중요하게 작용한다.

여섯째, 기업의 ESG 성과다. ESG는 환경Environmental, 사회Social, 지배구조Governance의 영문 첫 글자를 조합한 단어로 기업의 지속 가능성과 사회적 책임을 나타내는 중요한 지표다. ESG 성과가 우수한 기업은 더 안정적으로 성장할 가능성이 크다. 최근 들어 투자자들은 기업의 재무적 성과뿐만 아니라 사회적 책임과 지속 가능성도 중요하게 여기고 있다.

"돈만 버는 기업은 형편없는 기업이다"라는 헨리 포드의 말처럼, 기업에게 이익 창출은 필수적이지만 그렇다고 해서 단순히 이익만을 추구하는 것이 기업의 존재 이유가 되지는 않는다. 이익은 훌륭한 서비스를 제공한 결과로 자연스럽게 따라오는 것이지, 그 자체가 단일한 목적이 되어서는 안 된다는 의미다. 기업이 진정으로 추구해야 할 것은 고객과 이해관계자에게 가치를 제공하는 일이다. 이러한 본질이 자리 잡은 경쟁에서 승리한 기업에게 이익은 당연히 따라오기 마련이다. 따라서 투자자는 본질적인 사명에 충실해 지속 가능한 성장을 이루는 기업을 발굴하는 노력이 필요하다.

마지막 일곱째, 글로벌 경제 동향과 기업의 글로벌 경쟁력이다. 글로벌화가 진행됨에 따라 기업의 성과는 국내 시장뿐만 아니라 국제 시장의 영향을 크게 받고 있다. 그러므로 글로벌 시장에서의 성과와 해외 진출 전략을 잘 따져보아야 한다. 이는 오늘날 기업의 장기적인 성장 가능성을 보여주는 중요한 요소다.

기업의 7가지 성장 신호를 알아차리고 해석하는 능력을 키우면 성공적인 투자를 해나갈 수 있음을 강조한다. 꾸준하고 안정적인 수익의 기반이 되기 때문이다. 이 신호들을 통해 기업의 미래를 예측하고 적절한 시점에 투자 결정을 내릴 수 있기를 바란다.

지속 가능한 경영이 중요한 이유

삼성전자는 지난 40년간 성장을 이루며 투자자들의 절대적 신뢰를 얻어 주가가 지속적으로 상승해 온 대표적인 글로벌 기업이다. 반도체, 스마트폰, 가전제품 등 다양한 분야에서 세계 최고 수준의 기술력과 경쟁력을 보유한 삼성전자는 한국을 넘어 세계 경제에서 중요한 역할을 하고 있다. 특히 반도체 시장에서 압도적인 점유율을 차지하고 있으며, 이는 기업의 장기적 성장에 크게 기여해 왔다. 이런 성과 덕분에 삼성전자는 꾸준한 주가 상승을 이어가며 장기 투자자들에게 안정적이면서도 높은 수익을 안길 수 있었다.

그러나 삼성전자는 세계적인 기업들과 비교했을 때 지배구조 측면에서 개선이 필요하다는 지적을 받고 있다. 애플, 마이크로소프트 같은 글로벌 경쟁 기업들은 오랜 기간 동안 기업의 투명성과 경영 구조를 강화하며 직원을 CEO로 발탁하는 등 민주적이고 유연한 지배구조를 유지해 왔다.

그러나 애플, 마이크로소프트와 달리 삼성전자는 여전히 폐쇄적인 경영 방식을 유지하고 있으며 이로 인해 글로벌 스탠다드와 비교할 때 미흡하다는 평가를 받는다. 이는 삼성전자가 앞으로 더욱 세계적인 기업으로 도약하기 위해 해결해야 할 과제 중 하나로 보이며, 보다 투명한 경영 방식과 전문 경영진에 의한 경영 체제로의 전환이 이루어져야 할 것으로 판단된다.

앞으로 삼성전자의 지배구조 리스크를 주시하는 투자자들이 더욱 늘어날 것이다. 삼성전자가 투자자들에게 계속해서 안정적인 투자처로 고려되기 위해서는 변화가 필요하다. 지속 가능한 경영 체제로 변화한다면 삼성전자는 지속적인 혁신과 성장을 이어가면서도 국내와 글로벌 투자자들에게 더욱 신뢰받는 기업으로 거듭날 것이다.

나는 삼성전자가 단순히 한국을 대표하는 기업을 넘어 글로벌 경제에서 중요한 역할을 수행하는 기업으로서 책임과 의무를 다해야 한다고 여긴다. 삼성전자의 성장은 단순히 주주들에게 이익을 안겨주는 것을 넘어, 전 세계 경제에 긍정적인 영향을 미치는 방향으로 나아가야 한다. 그리하여 ESG 성과 개선에 더욱 집중한 지속 가능한 경영으로 글로벌 시장에서 더욱 신뢰받는 기업이 되기를 희망한다.

실패를 성공으로 바꾸는 주식투자의 기술

기술적 분석으로 파악하는
매매 타이밍

차트가 먼저 말한다

"주가는 차트가 먼저 말해준다"라는 말이 있다. 주가는 기업의 실적을 바탕으로 움직이지만 실제 실적이 발표되기 이전에 차트가 미래의 변화를 예측하는 경향이 있어 생겨난 말이다. 앞서 살펴본 것처럼 어느 종목이 박스권을 돌파하면, 이는 주가가 강하게 우상향할 가능성을 시사한다. 또 차트에서 매물대를 돌파하는 모습이 나타나면, 이는 그 가격대에 있던 매도 주문들이 소화되면서 주가가 돌파한 방향으로 추세를 이어갈 가능성이 크다는 의미로 해석된다. 이러한 차트 분석을 통해 주가의 방향성을 미리 감지할 수 있는 것이다.

많은 투자자가 주식투자를 할 때 '기본적 분석'과 '기술적 분석'을 함께 사용한다. 기본적 분석은 재무제표, 산업 전망, 경제 상황 등을 분석해 기업의 내재 가치를 평가하는 방법이며 기술적 분석은 차트를 보고 주가와 거래량의 흐름을 분석해 미래의 주가 움직임을 예측하는 방법이다.

구분	기본적 분석	기술적 분석
정의	재무제표와 산업 전망, 경제 상황 등을 분석해 기업의 내재 가치와 적정 주가를 평가하는 방법	매수매도를 위해 주가 차트와 거래량, 이동평균선을 분석하는 방법
활용	성장 가능성이 큰 기업을 발굴할 수 있다.	매매 타이밍을 포착할 수 있다.
주의점	주가가 기업의 내재 가치를 반영해 움직이기까지 시간이 걸릴 수 있다.	시장 심리에 따라 예상과 다르게 움직일 가능성이 있다.

| 기본적 분석과 기술적 분석 |

중요한 것은 기술적 분석이 선행하고 기본적 분석이 후행해야 한다는 점이다. 기본적 분석은 주가가 오르고 나서 실적이 발표될 때 활용되는 반면 기술적 분석은 주가가 오르기 전에 미리 매수 타이밍을 잡을 수 있게 도와준다. 따라서 차트로 주가

실패를 성공으로 바꾸는 주식투자의 기술

의 흐름을 먼저 읽어내고, 그 후에 실적이 뒷받침되는 시점에 바로 매수하는 방법이 효과적이다. 반대로 실적이 나온 후에 매수에 들어가면 이미 한발 늦은 투자가 될 가능성이 크다.

기술적 분석은 군중심리에 휘말려 오를 때 매수하고 하락할 때 매도하는 실수를 방지하는 중요한 도구다. 차트와 거래량을 분석하고 이동평균선을 이해하면 된다. 차트는 주식의 가격 움직임을 시각적으로 보여주며, 이를 통해 사람들의 심리 변화를 파악할 수 있다. 거래량은 주식 거래가 얼마나 활발하게 이루어지고 있는지 보여주고, 이동평균선은 주식의 장기적인 추세를 알려준다. 이 세 가지 요소를 종합적으로 분석함으로써 매수와 매도 시점을 정확히 판단할 수 있다. 구체적인 방법에 대해서는 바로 다음 글에서 더 자세히 다루겠다.

주식시장에서 주가는 언제나 걱정 속에서 상승한다. "주가는 걱정의 벽을 타고 오른다"라는 격언처럼 시장 상황이 불안할 때, 사람들은 악재에 대한 걱정으로 매수를 망설이지만 주가는 상승하는 경우가 있다. 이는 시장이 악재를 어느 정도 반영했기 때문에 더 이상 추가적인 하락 요인이 없어서 일어나는 일이다. "가격은 악재 속에서도 제 갈 길을 간다"라는 말처럼 주가는 현재의 상황과는 상관없이 미래의 기대를 반영하며 움직인다. 그래서 주가의 방향을 예측할 때는 시장의 소음에 휘둘리지 않고 차트를 통해 주가의 진짜 흐름을 읽어내는 노력이 반드시 이루어져야 한다.

주가는 현재의 실적과 시장 상황에 따라 즉각적으로 움직이지 않는다. 현재의 주가와 실적 사이에는 시간이 존재한다. 즉, 오늘의 주가 상승이나 하락은 몇 달 전의 경제 상황이나 기업의 결정에 영향받은 결과다. 예를 들어 지금의 주가 변동은 약 9개월 전에 이미 예측된 결과일 수 있다.

이 같은 원리가 시세의 비밀을 이해하는 데 중요한 힌트를 제공한다. 그 비밀은 바로 악재 속에서 사서 호재 속에서 파는 전략이다. 2020년 코로나19 사태가 터졌을 때 삼성전자의 주가는 크게 하락했다. 그러나 2021년 이후 10개월간 지속적으로 상승했고 그제야 많은 사람이 삼성전자를 매수하기 시작했다. 주가가 오르기 시작할 때 사람들은 계속 오를 것이라고 생각하지만, 그때는 이미 상승의 끝자락일 가능성이 크다.

이처럼 주가가 오를 때 매수하면 위험할 수 있다. 오히려 조정이 왔을 때 차트를 확인해 매수 타이밍을 잡는 것이 더욱 현명한 전략이다. 비트코인도 마찬가지지 않은가. 가격이 급등할 때 많은 사람들이 매수에 뛰어들지만 알다시피 그때는 이미 가격이 많이 오른 시점이다. 가격이 하락했을 때 기회를 잡아야 한다.

초보 투자자는 주식투자에서 성공하기를 원한다면 차트를 공부하고 일기를 쓰듯이 자신의 매매 기록을 남긴 뒤 철저히 분석해야 한다. 특히 매매에서 실패한 종목의 차트는 복사해 보관해 두고, 매수 이유와 실패 원인을 정리하는 습관을 들여 같은 실수를 반복하지 않도록 해야 한다. 이러한 방식은 투자 습관을 개선하는 데도 큰 도움이 된다.

천장과 바닥을 보여주는 차트 패턴

주식시장에서는 천장과 바닥을 판별할 수 있다면 고점에서 매도하고 저점에서 매수해 큰 수익을 얻을 수 있다. 천장을 빠르게 파악해 매도할 줄 알면 손실을 피할 수도 있다. 이제 차트의 '헤드앤숄더' 패턴과 '역 헤드앤숄더' 패턴으로 천장과 바닥의 신호를 읽는 방법을 알아보자.

헤드앤숄더 패턴은 주가 상승 추세가 끝나고 하락 추세로 전환할 때 나타나는 모양이다. 이 패턴에서 가운데의 '머리'는 가장 높은 고점을 나타내고, 양옆의 '어깨'는 고점을 돌파하지 못한 부분을 가리킨다. 이 패턴이 나타나면 상승이 마무리되고 하락이 시작될 가능성이 크다.

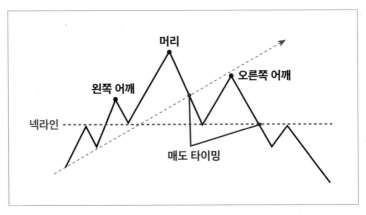

| 헤드앤숄더 패턴 |

이 패턴의 머리와 어깨가 이루는 구조를 자세히 보면 다음과 같다. 주가는 상승하다가 왼쪽 어깨에서 잠시 눌림목을 형성하고 다시 상승한다. 그러나 머리의 고점을 돌파하지 못한 후 하락하게 된다. 이후 다시 반등을 시도하지만, 이번에는 머리의 고점뿐 아니라 왼쪽 어깨의 고점에도 미치지 못한 상태에서 하락하는데 이때 형성되는 것이 오른쪽 어깨다. 오른쪽 어깨가 형성된다는 것은 주가가 더 이상 강한 상승세를 이어가지 못한다는 신호이며, 이후 주가가 넥라인을 하향 돌파하면 하락 추세로 전환될 가능성이 크다. 따라서 오른쪽 어깨가 형성될 때, 넥라인을 돌파하기 전에 매도해야 한다.

최근 60일간의 주가 평균을 연결한 '60일 이동평균선'도 주

실패를 성공으로 바꾸는 주식투자의 기술

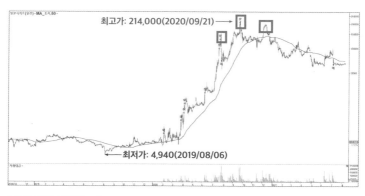

최고가: 214,000(2020/09/21)

최저가: 4,940(2019/08/06)

| 신풍제약 일간차트 |

가 상승과 하락의 흐름을 파악하는 중요한 지표다. 상승 추세에서는 60일 이동평균선을 타고 주가가 상승하지만, 하락 추세로 전환되면 60일 이동평균선 아래로 주가가 떨어지게 된다. 이를 통해 추세의 전환 시점을 확인할 수 있다. 신풍제약의 과거 차트를 보면 주가가 파란색 60일 이동평균선을 타고 상승하다가 고점에서 헤드앤숄더 패턴을 형성한 3개의 구간을 확인할 수 있다. 이후 주가는 하락해 60일 이동평균선 아래로 떨어졌는데 바로 이때를 매도 타이밍으로 본다.

'역 헤드앤숄더' 패턴은 하락 추세가 끝나고 상승 추세로 반전할 때 나타난다. 천장에서 나타나는 헤드앤숄더 패턴과 달리 바닥에서 형성되며 헤드앤숄더 패턴과는 반대되는 모양을 하

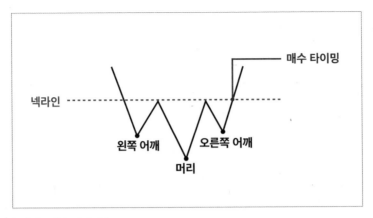

넥라인 ·········

매수 타이밍

왼쪽 어깨

오른쪽 어깨

머리

| 역 헤드앤숄더 패턴 |

고 있어 바닥을 다지는 신호이자 매수 신호로 해석된다. 이 패턴에서는 주가가 바닥을 찍으며 3개의 저점을 만드는데 이 구조에서 가운데 저점 '머리'가 가장 낮고 양옆의 두 저점 '어깨'는 상대적으로 높다. 왼쪽 어깨에서 주가는 하락 후 반등하지만 큰 상승 없이 다시 하락해 왼쪽 어깨의 저점보다 더 낮은 저점(머리)을 형성한다. 이후 또다시 반등하지만 다시 하락해 오른쪽 어깨를 형성한다. 이때 오른쪽 어깨는 주가가 더 이상 하락세를 이어가지 않고 넥라인을 돌파해 상승세로 전환될 가능성이 크다는 신호로 해석된다. 넥라인을 상향 돌파하는 시점이 바로 매수할 때다.

실패를 성공으로 바꾸는 주식투자의 기술

주가와 거래량의 관계

주식을 매수할 때, 많은 사람이 거래량을 중요한 지표로 삼는다. 하지만 거래량이 많다고 해서 반드시 주가가 오른다는 보장은 없다. 실제로 거래량이 많을 때 주가가 떨어지기도 하고 거래량이 적을 때 주가가 상승하기도 한다. 거래량은 실제로 주가와 어떤 연관이 있을까?

특정 주식이 많이 거래되면서 주가가 오르면 사람들은 '이제 올라가겠구나' 하고 생각하겠지만, 거래량이 다시 줄어들면 주가는 조정 국면에 접어든다. 이 같은 조정 과정에서 주가가 확실히 바닥을 찍었는지 아니면 더 하락할지 예측하는 것은 결코 쉬운 일이 아니다.

그래서 거래량만으로 주가의 방향을 정확하게 맞히기는 어렵다. 하지만 주가가 거래량과 함께 움직이는 일종의 리듬이 있다는 점을 기억하면 좋다. 거래량이 줄어들 때는 주가가 조정에 들어가고, 거래량이 다시 늘어나면 주가가 새로운 상승 추세로 접어들 가능성이 크다. 그러므로 거래량의 흐름 자체를 주의 깊게 관찰하는 것이 중요하다.

거래량이 많다고 해서 무조건 매수하거나 거래량이 줄어든다고 해서 무조건 매도하는 것은 옳지 않다. 거래량을 바탕으로 주가를 예측할 때 생각할 것은 '매매 타이밍'이다. 첫 거래량이 크게 나왔을 때 매수를 고려할 수는 있지만 주가가 충분히 조정된 후에 다시 상승하는 신호를 확인하는 것이 더 중요하다. 조정에 들어가고, 거래량이 줄었다가 다시 늘어나는 것을 포착했을 때가 좋은 매수 타이밍일 수 있다.

또한 월봉, 주봉, 일봉 차트를 함께 살펴야 한다. 주가가 큰 상승을 보이기 전에는 종종 거래량이 줄어들었다가 다시 늘어나는 패턴을 보인다. 이는 세력의 매집이 발생할 때 나타나는 패턴이기도 하다. 거래량이 줄어들면서 주가는 일시적으로 하락하지만 세력이 매집한 물량이 이미 시장에 흡수되었기 때문에 주가는 다시 안정세를 찾을 가능성이 크다.

단기 매매에 여전히 관심이 있는 사람이라면 특히 거래량을 정확히 이해하는 노력을 기울여야 한다. 그러나 거래량은 시장의 심리를 읽는 중요한 도구인 것은 맞지만 그 자체로는 완전한 해답이 되지 않는다. 보다 완전한 매매 전략을 세우기 위해서는 배당과 기업 실적 등을 파악하는 기본적 분석을 반드시 병행해야 한다.

초보 투자자는 모의투자나 소액 투자로 시작해 차트를 직접 보면서 앞서 설명한 내용을 바탕으로 스스로 분석하는 연습을 해나가야 한다. 지속적으로 경험을 쌓아나가는 과정이 꼭 필요하다. 끊임없는 공부를 통해 정립한 자기만의 투자 전략이 있다면 주식투자로 원하는 성공을 이루어 낼 수 있음을 다시 한번 강조한다. 이 과정에서 중요한 것은 공포와 탐욕에 휘둘리지 않고, 계속 투자할 자신감을 키워가는 것이다.

위기를 기회로 바꾸는
투자 전략

경제 위기에서 승리하는 법

주식시장은 경제의 거울이라고 하지만 항상 경제 상황을 있는 그대로 보여주지는 않는다. 그렇기에 그 이면에 자리 잡은 숨은 기회를 파악하는 것이 중요하다. 주식시장과 경제의 모습이 가장 다르게 비춰질 때가 바로 경제 위기 상황일 때다. 경제 위기와 주식시장의 상관관계를 이해하는 것은 주식투자에서 성공하는 핵심 비결이다. 경제 위기가 찾아오면 투자자 대다수가 공포에 휩싸여 주식을 대량 매도하기 때문에 오히려 이런 움직임을 기회로 활용할 수 있다.

실패를 성공으로 바꾸는 주식투자의 기술

실제로 2008년 글로벌 금융위기 당시 많은 투자자가 금융 시스템의 붕괴를 예상하며 주식시장을 떠났지만 냉철한 투자자들은 그 순간을 놓치지 않고 투자 기회로 삼았다. 주식시장의 하락과 회복 사이클을 이해하고 있었기에 가능한 결정이었다. 이때의 성공 사례에 관해서는 살펴볼 만한 충분한 가치가 있기 때문에 바로 다음 글에서 더욱 자세히 설명하고자 한다.

우선은 이제부터라도 그 기회를 잡을 수 있도록 경제 위기 상황에서 어떤 대응을 해야 하는지 이야기하려고 한다. 첫째, 정부와 중앙은행의 대응책에 주목하자. 경기 부양책과 금리 정책의 변화는 주식시장에 직접적인 영향을 미치기 때문에 이를 적절히 활용하는 것도 중요한 투자 전략이 된다.

예를 들어 '금리 인하'는 주식시장에 긍정적인 영향을 미칠 수 있다. 금리가 낮아지면 예금 같은 안전 자산의 수익률이 감소하므로 주식에 대한 수요가 증가하고, 대출이 용이해지므로 기업이 자금을 보다 쉽게 조달할 수 있게 되어 성장 가능성이 커지기 때문이다. 투자자는 금리 인하가 시장에 미칠 영향을 예측해 타이밍을 맞춰 투자 결정을 내릴 수 있어야 한다. 또 정책 변화로 혜택을 받게 될 섹터를 미리 파악하는 것도 도움이 된다.

둘째, 경제 위기 상황에서 개별 기업의 위기 대응 능력도 중요하게 따져보아야 한다. 기업의 부채비율과 상환 능력, 매출과

순이익, 현금 유동성, 자기자본비율을 살펴보자. 이 요소들이 안정적 수치를 보이는 기업은 위기 상황에 효과적으로 대처하고 새로운 기회를 창출함으로써 이후 더 큰 성장을 이룰 수 있다. 동시에 혁신 역량과 시장 적응력이 있는지도 확인하는 것이 바람직하다.

셋째, 투자자 개인의 멘탈 관리도 필수적이다. 감정적 결정을 멀리하고 분석적 판단을 내릴 수 있어야 한다. 경제 위기 후 회복기에 접어들면 큰 수익을 실현할 기회가 온다. 그러나 시장이 과열되기 시작할 때 탐욕에 휩싸여 무리한 추가 매수를 하지 않도록 주의해야 한다. 이때는 오히려 일부 매도해 수익을 실현하는 전략이 더 적절할 수 있다.

금융위기 속 투자 성공 사례

그럼 이제 앞에서 언급한 2008년 글로벌 금융위기 당시의 상황을 살펴보자. 금융위기는 세계 경제에 엄청난 타격을 입혔고, 이로 인해 주식시장도 급격히 하락했다. 그러나 이러한 혼란 속에서도 몇몇 우량주는 위기 이후 빠르게 주가를 회복하거나 오히려 더 성장했고 이 우량주에 투자한 이들은 막대한 수익을 손

실패를 성공으로 바꾸는 주식투자의 기술

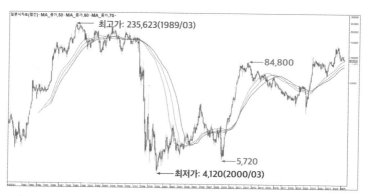

| 기아 월간차트 |

에 쥐었다.

2008년 글로벌 금융위기 당시 기아는 주가가 급락해 5,720원
까지 떨어지고 말았다. 그러나 2012년, 기아의 주가는 약 14배
상승한 84,800원을 기록했다. 위기 상황에서 주식의 급락이 오
히려 절호의 매수 기회가 될 수 있다는 점을 보여주는 대표적인
사례다.

엔씨소프트의 경우 글로벌 금융위기 동안 주가가 22,900원
까지 급락했지만 2021년에 1,048,000원으로 약 46배 상승했다.
위기 동안 멈추지 않고 기술 발전과 혁신을 이뤄 꾸준한 성장을
이어간 덕분에 가능한 일이었다. 이를 초기에 빠르게 감지해 투
자한 이들은 장기적으로 큰 수익을 얻었다.

최고가: 1,048,000(2021/02)

22,900

최저가: 12,785(2000/12)

| 엔씨소프트 월간차트 |

　이러한 사례를 통해 글로벌 금융위기 같은 어려운 상황에도 철저한 분석과 침착한 대응으로 큰 수익을 거둘 수 있음이 증명되었다. 투자자가 시장의 변동성을 두려워하기보다 기회로 삼으면 얼마든지 가능한 일이다. 위기 상황에서의 성공 투자 사례로 얻은 교훈을 실제 투자에 적용한다면 미래에 찾아올 위기 상황에 더 나은 대응을 할 수 있을 것이다.

　위기 상황일 때 강한 회복력을 보일 수 있는 우량주를 찾아내는 것은 투자자의 중요한 과제다. 시장의 변화를 주시하면서 재무 건전성(부채비율, 자기자본비율, 이자보상배율)과 수익성(영업이익률), 배당 안정성을 두루 확인해 기업의 본질적 가치와 성장 가능성을 분석하는 노력이 필요하다. 이러한 전략은 단순히 금

실패를 성공으로 바꾸는 주식투자의 기술

융위기 상황에만 국한되지 않는다. 일상적인 시장 변동 상황에서도 적용해야 하는 중요한 투자 원칙이다.

팜 시스템 투자로 유지하는 심리적 안정성도 위기에서 더욱 빛을 발한다. 수많은 투자자가 혼란에 휩싸여 충동적인 결정을 내리는 시기, 글로벌 금융위기 때 투자에 성공한 이들처럼 장기적 안목을 발휘해 현명한 판단을 내릴 수 있기 때문이다.

급락장에서의 대응 전략

시장지수가 상승세에 있다가 고점에서 10% 이상 하락할 때 흔히 하락 전환했다고 말하고 하락 추세 흐름이 1~2개월 지속되면 하락장이라고 평가한다. 주식시장이 급락할 때는 많은 투자자가 심리적으로 큰 압박감을 느끼고 공포에 휩싸여 갖고 있는 주식을 매도하게 된다. 그러나 앞서 이야기한 것과 같은 맥락에서 급락장에서 오히려 기회를 찾는 전략적 접근이 필요하다.

한 가지 중요한 팁은 급락장에서 매수할 종목을 미리 선정해 놓는 것이다. 시장 전체가 하락하기 때문에 많은 종목들이 하락하지만 펀더멘털이 좋은 종목은 다시 상승한다. 따라서 급락장이 오기 전에 종목을 분석해 저점 매수 타이밍을 미리 계획해

두는 것이 효과적이다. 이와 더불어 시장이 급락하는 동안 여러 번 나눠서 분할 매수하는 방법을 추천한다. 평균 매입 단가를 낮출 수 있고 시장의 반등 시 더 큰 수익을 기대할 수 있기 때문이다.

급락장에서도 마찬가지로 분산 투자로 리스크를 줄일 수 있다. 특정 종목이 하락하더라도 전체 포트폴리오에 미치는 충격이 줄어들기 때문이다. 또 현금을 보유하고 있으면 시장이 급락할 때 준비된 자금으로 매수 기회를 잡을 수 있다. 급락장은 예측하지 않은 때에 찾아오는 경우가 많기 때문에 자산에서 현금 비중을 적절히 유지하는 것은 리스크를 관리하는 중요한 전략이 되어준다.

이렇게 현금을 일부 남겨두면서 분할 매수하면 시장이 급락할 때마다 차분하게 매수 전략을 펼쳐, 공포에 빠진 다른 투자자들보다 유리한 위치에서 저점 매수해 시장이 회복될 때 큰 수익을 얻을 수 있다. 이것이 바로 팜 시스템의 중요한 원칙이라는 사실을 기억할 것이다. 급락장에서의 대응 역시 지속적인 학습과 경험을 통해 향상된다. 지금 배운 교훈을 실제 투자에 적용하면서 전략적으로 과감한 결단을 내려보자.

실패를 성공으로 바꾸는 주식투자의 기술

조정, 공포 속에서 찾는 기회

주식시장에서 '조정'이 발생하는 원인은 다양하다. 갑작스러운 경제 악재나 시장에 대한 투자자들의 불안감 또는 과열된 시장 상황에서 투자자들이 이익을 실현하려는 욕구 때문에 조정이 나타난다. 그런데 이때 많은 초보 투자자가 이 조정의 시기를 '위기'로 인식해 패닉에 빠져서는 성급하게 손절매하는 실수를 저지른다.

조정이 반드시 부정적인 것만은 아니다. 주식시장에서 조정은 단순한 주가 하락 이상의 깊은 의미를 담고 있다. 조정은 마치 비 온 뒤 땅이 더 단단해지는 것처럼 주가가 다시 상승할 준비를 하는 중요한 과정이다. 조정 없이 주가는 하염없이 오를 수 없으며, 조정은 더 큰 상승을 위한 에너지 재충전의 시간이라는 사실을 항상 염두에 두어야 한다. 그렇기 때문에 이 조정의 시기에 좋은 기업의 주식을 저렴한 가격에 매수할 수 있는 기회가 있다. 공포 속에서 기회를 찾는 투자자가 진정한 승리를 거둔다.

조정이 언제 끝날지 정확히 예측하는 것은 불가능하지만 내가 강조하고 싶은 것은 장기적인 관점에서 보면 조정은 일시적인 현상에 불과하다는 것이다. 현명한 투자자는 조정기 동안 흔들리지 않고 인내심을 발휘한다.

조정의 끝을 정확히 알 수는 없지만, 경험과 더불어 지표와 데이터를 통해 어느 정도 예측할 수는 있다. 거래량, 지지선, 거시 경제 지표를 살펴보면 회복 신호를 포착할 수 있다. 거래량이 크게 늘 때 그리고 주가가 지지선에서 계속 버티고 더 이상 크게 떨어지지 않을 때 주가가 반등할 가능성이 크다. 중앙은행이 금리 인상 속도를 늦추거나 금리를 내린다고 발표하면 투자 심리가 살아나 시장 분위기가 좋아질 수 있다.

조정이 끝난 후 투자자는 다시 한번 보유 중인 종목을 점검해야 한다. 보유 종목 중에서 기업의 펀더멘털이 강해 시장 회복 시점에 성장이 예상되는 것이 있다면 계속 보유하거나 추가 매수를 고려할 수 있다.

조정 기간은 투자자에게 중요한 학습의 기회를 제공한다. 이 시기를 겪으며 자신의 위험 감수 능력과 투자 전략의 효과를 검증해 볼 수 있기 때문이다. 이 기회를 잡으면 약점을 보완해 더 나은 전략을 세울 수 있다.

"투자자는 최소한 한 번의 대세 상승장과 한 번의 하락장을 경험해야 비로소 성장할 수 있다"라는 말이 괜히 있는 것이 아니다. 시장의 변동성에 휘둘리지 않고 냉정함과 인내심을 가지고 조정기를 버텨내는 투자자는 더 큰 성공을 향한 디딤돌을 마

실패를 성공으로 바꾸는 주식투자의 기술

런할 수 있다. 투자란 미래에 대한 믿음이며 조정은 그 믿음을
시험하는 시기다.

4장

팜 시스템의 완성,
성공 투자 마인드셋

Farm System Investment

감정적 투자를
멀리하라

감정이 투자에 미치는 영향

지금까지 포트폴리오를 구성하고, 실전 매매에 필요한 전략까지 함께 알아봤다. 책을 읽어나갈 때는 어려운 이야기가 아닌 것 같지만 막상 투자를 시작하면 책의 내용을 그대로 실행하기는 무척 어려울 것이다. 인간은 이성적인 동물이라 하지만, 감정에도 크게 휘둘리기 때문이다. 이성적으로 투자하려면 감정의 지배를 받지 않도록 조심해야 한다.

초보 투자자라면 시장 변동에 감정적으로 반응하는 것이 어쩌면 자연스러운 일이다. 몇 번의 성공을 경험한 사람도 마찬가지다. 초보 운전자가 운전에 조금 익숙해지면 꼭 사고를 경험하게 되는 것처럼, 성공을 경험한 뒤에는 자신의 능력을 과대평가하며 더 큰 위험을 감수하려 한다. 그러나 과도한 자신감은 화를 부르기 마련이다.

후회 회피 성향도 감정적 투자를 유발하는 요인이다. 손실을 인정하고 싶지 않아서 손실이 난 주식을 계속 보유하려고 하는 이들이 있다. 투자로 인한 후회를 피하기 위해 괜찮은 척하며 자신을 속이는 것이다. 이것은 더 큰 손실로 이어지게 만드는 매우 위험한 태도다.

확증 편향도 흔히 볼 수 있는 감정적 투자의 한 형태다. 초보 투자자는 자신의 투자 결정을 지지하는 정보만을 선택적으로 받아들이고, 반대되는 정보는 무시하는 경향을 고수한다. 이런 잘못된 태도는 객관적인 판단을 방해하고 잘못된 투자 결정을 지속하게 만든다.

단기적 성과를 향한 집착도 감정적으로 투자하게 만드는 요인이다. 단기 성과에 집착하면 장기적인 투자 목표를 잊고 시장 변동에 일희일비하며 고통받는다. 이 때문에 자주 불필요한 거래를 하게 되고 자신도 모르는 사이 수수료 지불에 들어가는 비용도 크게 늘어간다.

그러므로 감정적으로 투자 결정을 내리지 않기 위해서는 자

실패를 성공으로 바꾸는 주식투자의 기술

신의 감정 상태를 인식하고 통제하는 능력을 키워야 한다. 이성적인 판단과 결정을 반복하다 보면 감정은 점차 통제 가능해진다. 그러니 겁먹지 말고 노력하자. 꾸준하고 장기적인 수익을 낼 수 있는 투자 원칙을 세워 철저히 지켜나면서, 공부한 대로 데이터와 분석에 기반한 결정을 내리는 습관을 기르는 것이 중요하다.

냉정한 투자자가 되는 법

냉정한 투자 판단을 내리는 데 필요한 것은 단순히 이성적으로 생각하기를 넘어서 시장의 변동성 속에서 감정에 휘둘리지 않고 일관된 결정을 내리는 능력이다. 냉정한 판단을 하고 싶은 투자자에게 다음과 같은 방법을 추천한다. 첫째, 자신의 투자 목표와 전략을 명확히 설정해야 한다. 이때 목표는 구체적이고 측정 가능한 것이어야 한다.

둘째, 투자 일지를 작성하는 것도 도움이 된다. 투자한 이유와 그 결과를 기록해 주기적으로 확인함으로써 객관적인 시각을 유지하고 과거의 실수를 반복하지 않을 수 있다. 주식투자에서 자기 성찰은 선택이 아닌 필수다.

셋째, 수차례 강조한 분산 투자도 감정적 결정을 하지 않도록 도와주는 좋은 방법이다. 개별 종목의 변동성에 덜 영향받게 되므로 리스크에 대한 걱정을 덜 수 있다.

넷째, 팜 시스템에 따라 자기만의 투자 원칙을 세웠다면, 시장 상황에 관계없이 원칙에 따라 투자하도록 한다. 감정적 결정을 방지하는 데 가장 효과가 있다.

마지막으로, 투자자는 스트레스 관리에도 신경 써야 한다. 충분한 휴식과 운동, 명상 등을 통해 정신적 건강을 유지하는 노력이 필요하다. 또 스트레스를 받은 날에 중요한 투자 결정을 하지 않는 지혜도 발휘해야 한다.

욕심을 버리고 겸손하라

성공한 투자자들에게는 공통점이 있다. 바로 충분한 시간을 가지고 시장을 연구한다는 것이다. 내가 그랬듯이, 주식투자로 큰 수익을 얻으려면 도움이 될 만한 많은 책을 읽고 시장의 흐름을 파악하면서 충분한 시간을 들여 투자에 임해야만 한다. 공부에 충분한 시간을 들이지 않거나 감정적으로 투자하면 절대로 큰 수익을 기대할 수 없다. 주식도 일종의 사업이라는 말을 잊지 말자. 내 계좌를 운용하는 것이 사업체를 운영하는 것과 다름없다. 그래서 기업의 경영자들처럼 마인드컨트롤에 힘 써야 한다. 긍정적인 마음을 유지할 수 있도록 적극적으로 자기 수련을 위해 노력해야 한다는 뜻이다.

최근 들어 유튜브에서 전문가라는 이름으로 활동하는 사람들이 많이 생겨났다. 그러나 그들 중 다수는 시장 경험이 부족하거나 투자를 깊이 있게 이해하지 못하고 있다. 다양한 형태의 상승장과 하락장을 경험하지 않은 사람의 말을 무조건 믿어서는 안 된다. 당장 수익을 내겠다는 욕심에 사로잡히면 정확하지 않은 정보를 믿고 싶어진다. 하지만 오로지 자신의 판단과 경험으로 투자 결정을 내려야 함을 다시 한번 강조한다.

그렇기에 투자에서 가장 중요한 덕목 중 하나는 겸손이다. 시장은 언제나 정확히 예측할 수 없고, 자신의 생각이 틀릴 수 있음을 인정해야 한다. 겸손한 자세로 꾸준히 공부하고 계속해서 경험을 쌓아가야 한다. 이러한 과정을 지나다 보면 어느새 진정한 투자자로 거듭나 있을 것이다. 요령이나 꼼수를 부려서 성공을 이어간 투자자는 보지 못했다. 공부를 멈추지 않는 자세, 겸손한 태도로 정석 투자의 길을 가야 한다.

대중과 반대의
길을 걸어라

군중심리에 휘둘리지 않는 법

　수차례 강조했듯이 주식투자로 성공하기 위해서는 군중심리에 휩쓸리지 않고 늘 전략적으로 접근해야 한다. 《돈, 뜨겁게 사랑하고 차갑게 다루어라》의 저자이자 유럽의 워런 버핏으로 불리는 앙드레 코스톨라니는 대중 심리에 휩쓸리지 않는 독립적인 투자 태도를 강조하며 이렇게 말했다. "투자자가 대중의 히스토리에 파묻히지 않으려면 훈련을 해야 하며 냉정하다 못해 냉소적이기까지 해야 한다." 많은 사람이 인기 있는 종목에 몰려가는 시기, 남들이 향하는 방향으로 무작정 따라가면 그 길은 결국 실패로 향하게 되어 있다. 주목받지 않는 외로운 종목을 찾아 성공의 길로 향할 수 있어야 한다.

앙드레 코스톨라니는 주식시장과 경제를 개와 주인으로 비유해 설명하기도 했다. "한 사람이 개를 데리고 산책하고 있다. 개는 주인보다 앞서 달려가다가 돌아보고, 또 앞서가다가 주인보다 많이 달려온 것 같으면 다시 주인에게로 돌아간다. 결국 산책이 끝날 때쯤 둘은 같은 목표 지점에 도착해 있다."

주식시장은 개처럼 이리저리 뛰어다니지만 경제는 주인처럼 천천히 목적지를 향해 걸어간다. 따라서 투자자는 개처럼 혼란스러운 주식시장의 움직임에 휘둘리지 않고 경제의 장기적 흐름을 믿고 차분히 나아가야 함을 알려주는 유명한 비유다.

사람들이 흥분해서 주식을 팔거나 살 때, 그 흐름을 장기적인 관점에서 바라보고 해석하는 자세가 중요하다. 주가의 오르내림은 수요와 공급에 따라 결정된다는 사실을 잘 이해하고 투자하면 된다. 앞선 공부를 통해 대중이 열광할 때는 팔고, 대중이 두려워할 때는 사는 전략을 이미 잘 알고 있을 것이다. 이제 이 전략을 실제 투자에 적용하는 용기를 내보자.

앙드레 코스톨라니의 투자 격언으로 "주식투자는 반드시 장기적인 관점에서 이루어져야 하며 단타 매매로 성공한 사람은 없다", "두 번 이상 파산해야 진정한 투자자라고 할 수 있다"가 있다. 투자는 머리로 하는 것이 아니라 엉덩이로 버티는 것이다. 차트를 보며 잠시 오르고 내리는 것에 흔들리지 않고, 기다릴 줄 아는 인내심을 발휘해야 한다. 나 역시도 그래왔다. 부화뇌동하는 사람들은 도박하듯이 단타 매매를 하는데, 이는 장기적으로 볼 때 성공하기 어려운 방식이다. 이미 잘못된 방식으로 손실을 보았다면 실패 경험을 토대로 투자 전략을 개선해 나가면 된다.

시장과 거리를 두는 고수의 전략

투자 심리학에서 가장 강조되는 것은 '시장의 소음에서 벗어나기'다. 주식시장은 매일 쏟아지는 수많은 뉴스와 정보 그리고 다양한 전문가들의 의견으로 가득 차 있다. 이 같은 정보의 홍수 속에서 투자자는 자신이 가려던 길을 잃고 쉽게 흔들린다. '이 정보를 알았으니 나도 늦기 전에 매도해야 하는 것 아닐까?' 하는 불안감에 휩싸이기도 한다. 나는 불필요한 소음과도 같은 정보들이 대개 단기적인 흐름을 반영할 뿐이며 장기적 성과를 이뤄낼 투자 목표와는 무관한 경우가 많다는 사실을 이야기하고자 한다.

실패를 성공으로 바꾸는 주식투자의 기술

주식시장에서 성공을 거둔 투자 대가들에게는 시장의 소음에서 벗어나는 전략으로 큰 수익을 거두었다는 공통점이 있다. 니콜라스 다비스Nicolas Darvas, 제시 리버모어, 에드 세이코타Ed Seykota는 모두 시장에서 멀리 떨어져 자신의 원칙과 전략을 고수하며 거대한 성과를 이루어낸 인물들이다.

니콜라스 다비스는 독학으로 시작한 주식투자로 1950년대 후반 200만 달러(현재 가치 약 2000만 달러)를 벌어들였다. 그는 주가가 일정한 가격 폭에 따라 반복적으로 움직이는 상태에 있고 그 형태가 상자 모양을 형성하는 주식의 경우에 주가가 박스 상단을 통과할 때 매수하면 큰돈을 벌 수 있다는 '박스 이론'을 창시한 인물이기도 하다.

그가 남긴 "시장은 항상 움직인다. 내가 할 일은 그 움직임을 따라잡는 것이 아니라 기다리는 것이다"라는 말을 통해 그의 투자 철학을 이해할 수 있다. 그는 뉴스와 소문에 의한 단기 이슈에 귀 기울이지 않았고 정보 과부하를 피하면서 스스로 확실한 흐름을 파악하는 데 집중했다. 다른 투자자가 패닉에 빠져 있을 때도 차분히 상황을 분석해 대중과 반대되는 결정을 내려 큰 수익을 거두었다.

제시 리버모어는 시장의 소음을 무시하고 군중심리에 휘둘리지 않으며 오히려 시장에서 떨어져 중요한 결정을 내린 투자자로 유명하다. 1929년 대공황 때 폭락을 예측해 공매도로 1억 달러(현재 가치 약 17억 달러)를 벌어들여, 월가 역사상 가장 위대한 투자자로 꼽히기도 한다. 그의 전략은 "군중이 틀렸을 때 나는 옳았기에 수익을 냈다"라는 그의 말에서 명확히 드러난다. 그는 다른 이들이 매도에 몰두할 때 매수를 선택했고 거대한 반등을 예측했다. 시장 심리를 분석해 대중의 반대 방향으로 움직인 용기와 냉정함이 성공의 비결이었다.

컴퓨터를 활용한 시스템 트레이딩의 개척자로 알려진 에드 세이코타 역시 "주식시장에서 오래 살아남기 위해서는 변동성을 이해하고 그에 맞춰 움직이는 것이 아니라, 오히려 그 변동성에서 벗어나는 것이다"라고 말하며 단기적인 시장 변동성에 휘둘리지 않고 장기적인 추세에 초점을 맞췄다. 또 기술적 분석과 자동화 거래 시스템을 이용해 인간의 감정이 개입될 여지를 최소화하며 체계적이고 차분한 투자를 이어갔다.

이들의 성공 사례는 시장의 소음에서 벗어나 자신의 길을 묵묵히 걷는 것이 주식시장에서 성공하는 비결이라는 사실을 증명한다. 시장 소음에서 벗어나는 실질적인 방법 중 하나는 정보 소비를 제한하는 것이다. 매일 시장의 뉴스를 확인하는 대신 주 단위나 월 단위로 정보를 체크하는 습관을 들이는 것이 도움이 된다. 그렇게 해야 "고요함 속에 진정한 기회가 찾아온다"라는 격언대로 끊임없이 쏟아지는 정보의 홍수 속에서 스트레스를 받지 않고 평정심을 유지할 수 있다. 조급해하지 말자. 이러한 평정심은 시간이 흐르고 경험이 쌓일수록 더욱 강화되는 능력이다.

결국, 주식투자는 자신과의 싸움이다

많은 사람이 편안한 투자를 하고 싶어하지만 불편할 때, 불편함을 받아들이는 용기가 있어야 좋은 기회를 잡을 수 있다는 사실을 강조하고 싶다. 불편할 때는 언제일까? 그 시기는 바로 부정적인 뉴스가 넘쳐나고 주가가 바닥일 때다. 이때 투자하려고 하면 마음이 매우 불편해지지만 바로 이 순간에 가장 큰 기회가 숨어 있다.

대중은 불편한 마음이 드는 주식을 피하고, 이미 안정적이라고 느껴지는 주식에 투자하려고 한다. 그러나 그 안정적인 주식의 주가는 이미 많은 기대가 반영된 상태이므로 더 오를 가능성은 크지 않다.

편안함을 느끼는 주식투자는 성공과 거리가 멀다. 많은 이가 2021년에 삼성전자를 편안하게 매수하려고 했다. 이 주식들이 상승했을 때 더 오를 것이라는 기대감에 사로잡혀 매수한 것이다. 그러나 투자자들이 편안함을 느끼는 순간, 그 주식은 하락할 가능성이 커진다. 실제로 삼성전자는 2021년 중반 6~7월에 주가 조정을 겪었다. 이렇듯 주식시장에서 투자자의 편안한 매매는 실패를 부르는 신호다.

주식투자를 다른 이들과 하는 눈치싸움으로 생각할 수 있지만 사실 자신과의 싸움에 더 가깝다. 다수가 편안하게 매수할 때 나는 매도하고, 다수가 불편한 시기에 나는 매수하는 용기를 발휘해야 한다. 편안함을 추구하다 보면, 결국 대중의 흐름에 휘말려 실패하게 된다. 그러므로 다수의 생각과 멀어져 외롭게 매매하는 전략을 취해야 한다. 불편한 시기에 씨를 뿌려 편안할 때 수확하는 것이 성공의 비결이다.

공포에 사서 환희에 팔기 위하여

몇 번이고 강조했기 때문에, 이제 독자들도 주식시장에는 공포와 탐욕이 공존한다는 것을 마음에 새겼을 것이다. 투자자들의 심리적 반응에 의해 급등락을 반복하는 것이 주식시장의 본질이기도 하다. 시장이 상승할 때 사람들은 주식이 끝없이 오를

실패를 성공으로 바꾸는 주식투자의 기술

것이라고 믿고 탐욕에 빠진다. 반대로 시장이 하락할 때는 모든 것이 끝났다고 생각하며 공포에 빠져 주식을 판다.

주가가 급락하고 경제 전망은 불투명하며 시장에 공포가 지배할 때, 많은 투자자들이 두려움 속에서 손실을 피하기 위해 매도에 나선다. 내가 계속해서 강조한 바와 같이 경험 많은 투자자들은 이러한 기회를 포착해 공포 속에서 매수하는 전략을 취한다. 주식시장의 특성상 변동성이 극대화되는 시점은 주가가 과도하게 하락하거나 상승하는 순간이기 때문에 우량 기업의 주식을 저평가된 가격에 매수할 수 있는 최적의 시기라는 사실을 아는 것이다.

그리고 주도주는 먼저 시장에서 두각을 나타내기 때문에 공포 속에서도 그 본질적인 가치를 잃지 않는 경우가 많다. 주도주를 공포에 사서 시장이 안정될 때 수익을 얻는 전략도 성공적인 투자자가 될 수 있는 기회다.

물론 이렇게 행동하기가 결코 쉽지는 않다. 부정적인 의견과 시장의 하락 추세에 맞서야 하기 때문에 엄청난 심리적 부담이 생길 수밖에 없다. 하지만 이 전략이야말로 시장에서 성공을 거둔 많은 투자자가 사용하는, 효과가 입증된 방식이라는 사실을 다시 한번 새길 필요가 있다.

그러나 모든 주식이 공포 속에서 매수할 만한 가치를 지닌 것은 아니다. 여러 번의 위기에서 살아남아서 장기적으로 우수한 성과를 보인 기업들도 있지만 반대로 위기 속에서 도태된 기업들도 있다. 따라서 눈여겨보던 종목의 주가가 크게 하락했을 때 무작정 매수하는 태도는 위험하다. 앞서 공부한 내용을 적용해서 종목의 가치를 제대로 평가한 뒤에 투자 결정을 내려야 한다.

환희에 파는 전략은 시장의 과열을 인식한 뒤 적절한 시점에 매도해 이익을 실현하는 방법이다. 주가가 급등하고 시장이 낙관적일 때 많은 투자자가 더 큰 수익을 기대하며 매도를 주저한다. 그러나 이제 우리는 안다. 바로 이때가 매도의 적기라는 것을 말이다.

과열된 시장에서의 매도는 냉철한 판단력을 요구한다. 주가가 기업의 본질적 가치를 크게 상회할 때, 투자자는 매도를 결정해야 한다. 불확실한 단기적 추가 수익을 포기하는 대신 확실하고 안정적인 수익을 확보하는 전략이다. 이 전략의 실행에는 시장 사이클에 대한 이해가 필수적이다. 주식시장은 항상 상승과 하락을 반복하므로 현재의 시장 상황이 사이클의 어느 지점에 있는지를 파악하는 노력이 선행되어야 한다.

장기적 관점을
유지하라

시장 전체가 흔들릴 때 가장 큰 기회가 온다

주식시장은 예측할 수 없는 날씨와 같다. 경제 상황, 금리 변화, 기업 실적, 정치 상황 등 다양한 요인에 영향을 받기 때문이다. 특히 코스닥 시장은 중소형주와 기술주 중심의 구조로 인해 다른 시장에 비해 변동성이 크기로 유명하다. 그러나 이 같은 변동성 속에 기회가 있다. 현명한 투자자는 변동성을 두려워하지 않고 변동성을 이해하고 적절히 대응함으로써 기회를 잡는다.

'안티프래질Antifragile'은 미국의 경제학자 나심 니콜라스 탈레브가 '크고 작은 위기에 좌절하지 않고 이를 극복한 후 오히려 강해지는 현상'을 명명한 개념이다. '충격에 깨지기 쉬운'이라는 뜻을 가진 프래질fragile에, 반대를 뜻하는 '안티anti'를 붙인 신조어기도 하다. 안티프래질은 내가 지켜온 투자 소신을 대변하는 개념이다. 변동성이 심한 시장에서 손실을 경험하는 것은 자연스러운 일이다. 오히려 투자자는 그 경험을 통해 더 강해질 수 있다. 워런 버핏과 조지 소로스 같은 투자 대가들도 수차례 변동성을 겪으면서 경험을 쌓고 단단해져 강한 투자자가 되었다.

주가는 마치 파도와 같아서 높게 출렁일 때 더 멀리 나아갈 수 있는 기회가 온다. 변동성이 클수록 수익을 낼 가능성도 커지는 것이다. "주식은 시간이 지나면 결국 제자리를 찾는다"라는 말을 지침으로 삼기 바란다. 변동성 속에서 잠시 손실을 보더라도 장기적 성과를 믿고 인내하면 된다.

이렇듯 변동성 속에서 기회를 포착하려면 어떤 상황에서도 장기적 관점을 유지해야 한다. 주가는 항상 오르고 내리기를 반복한다. 언제 오르고 언제 내릴지를 예측하기보다 변동성 속에서 흔들리지 않고 끝까지 버티는 태도가 결실을 본다. 시장의 변동성에 이리저리 흔들리지 않고 가치 있는 종목을 저렴하게 매수해 장기적인 성장을 기다리는 투자자는 결국 큰 수익을 거두게 될 것이다.

팜 시스템에서 강조하는 분산 투자와 감정 통제도 변동성에

실패를 성공으로 바꾸는 주식투자의 기술

대응하는 방법이다. 실전 매매에서 심리 상태는 투자의 성과를 좌우하는 매우 중요한 요소이니 시장이 불안해도 시스템을 믿고 안정적 심리 상태를 유지하라. 냉정하게 판단하고 꿋꿋이 계획을 실행하는 투자자만이 장기적으로 큰 수익을 얻는다.

장기 투자를 위한 마음가짐

진정한 부를 이룬다는 목표를 가지고 투자한다면, 장기적 안목을 가지고 인내하는 투자자가 되어야 한다. 주식투자에서 인내는 성공을 이루는 핵심 자질이다. 앞서 단기 투자와 장기 투자의 차이에 관해서 배웠다면 시장의 변동성에 휘둘리기 쉬운 단기 투자보다 복리의 힘을 극대화해 부를 창출하는 장기 투자가 더 유리하다는 사실을 이미 잘 알고 있을 것이다. 장기 투자는 수수료 비용을 최소화하면서 꾸준한 수익을 도모한다. 처음에는 적었던 수익률이 10년, 20년 동안 꾸준히 투자하면서 복리 효과 덕분에 결국 큰 수익률을 기록하게 된다. 투자 수익이 재투자되는 과정을 반복하기에 가능한 일이다. 단기 매매로는 이룰 수 없는, 장기 투자자만이 누릴 수 있는 이점이자 자산을 크게 불리는 비결이다.

나무가 자라려면 시간이 필요하듯이 기업이 성장하고 그에 따라 주가가 상승하기 위해서도 시간이 필요하다. 기업의 본질적 가치를 분석해 신중히 종목을 선택했다면 장기적인 성장을 믿고 주식이 본래의 가치를 발휘할 때까지 기다릴 수 있어야 한다. 이는 종목을 고를 때 떠도는 불확실한 정보가 아니라 기업의 성장성과 가치를 따져야 하는 이유기도 하다.

이와 같은 이유에서 장기 투자가 모든 주식을 무작정 오래 보유하는 것을 의미하지는 않는다. 장기 투자는 기업의 가치가 제대로 평가받는 때를 기다리는 일이기에 기업의 상황이 악화되어 회복이 어렵겠다고 판단하면 손절해야 한다. 이때는 감정적으로 결정하지 않고 분석적 판단에 근거해 결단을 내리는 전략이 필수적이다.

실패를 성공으로 바꾸는 주식투자의 기술

실패 경험을
성공의 발판으로 삼아라

손실은 누구나 겪는 일이다

주식투자에서 손실을 경험할 때 받게 되는 심리적 충격은 강렬하다. 수익을 얻을 때의 기쁨보다 손실을 입을 때의 고통을 더 강하게 느끼는 것도 사실이다. 그래서 계좌를 열어보고 마이너스 수익을 확인할 때 느끼는 무력감과 분노가 감정에 휘둘린 충동적 행동을 유발하기도 한다.

실제로 많은 투자자가 손실을 즉각적으로 만회하려고 한다. 이로 인해 더 많은 자금을 위험한 종목에 투입하거나 리스크가 큰 투자 결정을 내리게 된다. 그러나 이러한 행동은 대체로 더 큰 손실을 불러일으킨다. 손실이 발생했다면 빨리 회복하려는 조급함을 먼저 다스린 뒤 손실이 발생한 원인을 냉철하게 분석하고, 이를 바탕으로 전략을 조정해야 한다.

특히 처음으로 큰 손실을 경험한 투자자들은 손실의 두려움에서 쉽게 벗어나지 못하는데 손실은 누구나 겪는 일이라는 점을 알아차리고 마인드 컨트롤하는 노력이 필요하다. 운동선수가 부상을 회복하며 더 강해지듯이 투자자는 손실을 통해 배우고 성장한다. 판단력과 인내심을 키우는 중요한 기회라고 생각하면 비로소 손실의 두려움에서 벗어날 수 있다.

손실의 심리적 영향은 시간이 지남에 따라 변화하기도 한다. 초기에는 강한 감정적 반응이 일어나지만 시간이 지나면서 그 감정은 점차 완화된다. 그러니 시간의 힘을 믿는 것도 유효한 전략이다. 이 과정을 거치면서 이전보다 객관적이고 분석적인 판단력을 가질 수 있게 된다. 이 시기를 어떻게 보낼지 정하는 것은 온전히 자신의 몫이다.

큰 손실 후에는 감정에 휘둘리지 않기 위해 투자 대가의 전략을 떠올려 잠시 시장에서 떨어져 있는 것도 현명한 선택이다. 큰 손실을 경험한 후에는 감정적으로 예민해지고 무리한 복구를 시도하다가 더 큰 손실을 볼 수 있기 때문이다. 잠시 시장과 거리를 두는 동안 손실에 대한 감정적인 부담에서 벗어나 보다

차분한 마음으로 상황을 평가하면서 미래를 대비하는 전략을
차근차근 수립하면 된다.

실패 후 다시 일어서려면

모든 투자자는 필연적으로 주식시장에 값비싼 수업료를 지
불하게 된다. 그렇기 때문에 작은 돈으로 시작해 경험을 쌓아가
는 것이 바람직하다. 수업료를 내야 한다면 작은 수업료를 지불
하는 편이 낫기 때문이다.

작은 실패라고 해도 방치하면 더 큰 실수에 빠지는 함정이
되지만, 감정을 잘 다스려 실패를 새로운 시작을 위한 발판으로
삼을 수도 있다. 그렇다면 투자 실패 후 다시 일어서려면 어떻
게 해야 할까?

첫째, 새로운 투자 전략과 철학을 세워야 한다. 실패한 이유
를 분석해 더 나은 결정을 내릴 수 있는 투자 전략을 세우면 된
다. 한두 개 종목에 집중하는 바람에 큰 손실을 보았다면 포트
폴리오를 더 분산해 위험을 줄이는 방식의 개선이 필요하다. 과
거의 실수에서 배워야만 새로운 도전에 성공할 수 있다. 실패를
통해 얻은 교훈을 기록하고 주기적으로 돌아보는 습관을 들이

자. 이 노력은 미래의 투자 결정 시점에 효과를 발휘할 것이다.

둘째, 작은 성공 경험을 다시 쌓아가는 것이다. 재기는 점진적으로 이루어져야 한다. 회복은 급히 이뤄낼 일이 아니다. 손실을 경험한 후 바로 큰 수익을 기대하기보다 작은 성공을 반복해 자신감을 먼저 회복해야 한다. 큰 금액을 투자하기보다는 소액으로 시작해 점차 규모를 늘려가는 것이 안전하다. 작은 이익을 차근차근 쌓아가면서 다시 시장에 대한 믿음을 가지는 것이 중요하다.

셋째, 인내와 시간이 재기의 핵심이다. 시간의 힘을 믿고 천천히, 꾸준히 나아가도록 하자. 장기적인 관점에서 시장은 결국 우상향하기 때문에 시간을 가까운 친구로 두면 좋다. 당장의 손실에 집착하지 말고, 천천히 다시 일어서서 걸으며 뛰어갈 준비를 하면 된다. 주식투자는 단거리 경주가 아닌 마라톤과 비슷하다. 처음에는 조금 느리더라도 끈기 있게 달려나가서 완주하는 것이 승리의 비결이다. 성공은 실패를 딛고 일어선 자의 몫이다.

주식시장에 공짜는 없다

때로는 믿을 수 있는 투자 전문가의 조언을 듣는 것도 큰 도

실패를 성공으로 바꾸는 주식투자의 기술

움이 된다. 주식투자를 하다 보면 진짜 전문가와 가짜 전문가를 만날 기회가 있다. 가짜 전문가는 말은 잘하지만 실제로 거둔 성과가 없는 사람이다. 주식의 본질을 제대로 이해하지 않고 강의만 잘하는 사람은 경계해야 한다. 진짜 전문가라면 자신의 계좌를 보여준다. 투자 실적을 직접 확인하기 전에 무작정 신뢰하지 않도록 주의한다.

주식투자는 부자가 되는 길 중 하나다. 하지만 리스크를 명확히 이해하고 제대로 공부해 투자할 준비가 되어 있어야만 이 길을 제대로 걸어갈 수 있다. 믿을 수 있는 진짜 전문가는 안정적인 수익 구조를 만드는 데 집중하는 투자자가 부자가 될 수 있다고 주장한다.

주식시장은 금융 상품 이상의 의미를 가진다. 한 국가의 금융시장은 그 국가의 운명과 연결되어 있으며 개인의 투자 역시 인생에 깊은 영향을 미친다. 그렇기 때문에 그에 합당한 시간과 정성을 들여야 한다. 공짜로 얻는 가짜 정보는 절대 성공을 가져다주지 않는다. 따라서 반드시 직접 차트를 보고, 진짜 전문가의 조언을 듣는 노력을 기울여야 한다.

주식투자, 매력적인
나만의 사업

인플레이션을 이기는 투자

많은 사람이 주식투자로 부자가 되길 원하고 상상하지만 현실에서는 월급만으로 생활비, 교육비, 주거비 등을 지불하면서 살아가고 있다. 그렇다면 부자들은 대체 어떻게 부를 쌓았을까? 대다수의 자수성가형 부자들은 자신감을 가지고 계획적인 투자를 해나감으로써 부를 축적했다. 이들은 월급에 만족하지 않고 저축과 투자를 병행하면서 꾸준히 돈을 굴린 덕분에 부자가 될 수 있었다. 여기서 중요한 것은 큰돈, 즉 목돈이 없어도 부자가 될 수 있다는 사실이다. 부자를 꿈꾸는 이들이 관심 가

실패를 성공으로 바꾸는 주식투자의 기술

지는 또 다른 투자인 부동산 투자는 큰돈이 필요한 반면 주식투자는 적은 금액으로도 시작할 수 있다.

주식투자는 위험하다고 생각하는 이들이 있다. 하지만 은행 예금도 손실 가능성이 있다. 인플레이션이 찾아오면 오른 물가만큼 돈의 가치가 줄어들기 때문이다. 돈의 구매력이 처음 돈을 넣었을 때보다 떨어지므로 손해를 본다는 이야기다. 따라서 우리는 인플레이션을 이기는 주식투자를 해야 한다. 주식투자가 리스크가 있는 것은 사실이나 리스크를 잘 관리하면 부를 이룰 수 있다는 사실을 부자들은 잘 알고 있다.

다시 한번 강조하자면 주식투자는 나만의 사업이다. 실제로 사업을 굴리듯이 신중하되 결단력 있게 해나가야 하는 것이다. 직장을 다니며 안정적인 수입을 유지하면서 투자해 부가적인 수익을 낼 수도 있다. 소액으로 조금씩 주식을 매수하기 시작해 돈을 굴리면서 차츰 투자 규모를 키워나가면 된다.

많은 사람이 주식을 복권처럼 생각한다. 이는 잘못된 생각이다. 주식투자는 한두 번의 대박이 아닌 꾸준한 노력과 계획이 필요한 나만의 재테크 사업이다. 단타 매매에 빠지면 주식투자를 도박처럼 생각하게 되고 장기적으로 부를 축적하는 일과는 멀어지게 된다. 진정한 투자자라면 주식투자를 시간이 지남에 따라 자산이 불어나는 과정으로 대할 수 있어야 한다. 성실하게

종잣돈을 모아 좋은 주식을 매수해 장기적으로 보유하면 부자
가 될 수 있다.

투자는 직관의 예술이다

주식투자는 숫자와 차트 분석을 넘어서는 세계다. 그리고 직
관의 예술이라고 할 수 있다. 성공적인 투자로 부를 축적한 이
들은 오랜 기간 시장을 관찰하고 경험을 쌓으면서 중요한 순간
에 직관적인 결정을 내렸다. 그 직관은 단순한 예측이 아니라
오랜 연구와 경험에서 비롯된 것이다.

삼성전자 창업주 이병철 회장이 반도체 사업에 투자한 사례
가 대표적이다. 이병철 회장은 우리나라가 제2의 도약을 하기
위해서는 첨단 기술을 개발해야 한다고 판단했다. 세계 시장을
시찰하고, 기술 발전의 추이를 검토한 결과 미래에는 반도체 사
업이 유망할 것이라는 직관적인 믿음을 가졌다. 그래서 수많은
우려와 비판에도 굴하지 않고 반도체 사업에 투자하는 과감한
결단을 내렸다. 이 결단의 결과가 어떻게 되었는지는 이미 잘
알고 있을 것이다. 오늘날 삼성전자는 글로벌 반도체 시장의 선
두주자로 활약하고 있다. 이처럼 때로는 직관이 숫자로 설명되

지 않는 중요한 결정을 이끈다.

직관은 어떻게 만들어질까? 이에 관해서는 내가 자신 있게 말할 수 있다. 오랫동안 한 가지 일을 연구하고 경험하다 보면, 어느 순간 자연스럽게 직관이 생겨난다. 초보 투자자들은 막막해하지만, 꾸준한 학습과 경험을 통해 직관은 반드시 발달하게 되어 있다. 그 과정에서 시장을 깊이 이해하고 미래를 내다보는 능력도 길러진다.

주식시장은 눈에 보이지 않는 전쟁터와 같다. 앞서 이야기했듯이 개인 투자자가 실패하는 가장 흔한 이유가 바로 사람들이 몰리는 종목에 휩쓸려서다. 그러니 몰리는 종목을 추종하고 싶은 마음을 버리고, 끈기 있게 자신만의 기준과 전략을 세워 투자하는 노력을 멈추지 말아야 한다. 그렇게 묵묵히 나아가다 보면 직관으로 투자하는 자신을 발견하게 될 것이다.

평생수익을 얻기 위한 노력

주식투자는 시간이 흐르고 경험을 쌓을수록 직관과 능력이 향상되어 성과가 따라오는 좋은 직업과도 같다. 수익성이 높고 자금 회전이 빠르게 이루어지며 사무실과 다른 직원도 필요하지 않다. 일반 회사라면 정년퇴직이 있지만 주식투자는 은퇴라는 개념이 없다는 것도 장점이다. 그러므로 퇴직 후에도 평생수익을 얻을 수 있는 주식투자라는 일을 지속했으면 한다.

워런 버핏과 찰리 멍거처럼 존경받는 투자자들은 수십 년에 걸쳐 주식을 연구했다. 그들의 성공 비결은 끈기와 인내로 쌓은 경험에 있다. 그러므로 경험 없이 한번에 부자가 되고 싶어하는 욕심을 버리기를 바란다. 내가 안정적이고 꾸준한 수익을 강조하는 이유를 다시 한번 생각해 보면 좋겠다. 탐욕은 더 많은 돈을 벌고 싶어하는 욕망에서 나오고, 공포는 불확실한 상황에서 느끼는 두려움에서 비롯된다. 내가 그랬듯이 탐욕을 이기고 공포에 맞선다면 여러분도 성공할 수 있다.

주식투자는 자신을 끊임없이 단련하는 과정이기도 하다. 시장과 주가의 움직임을 읽기 위해 공부하고, 자신의 감정을 다스리며 때로는 손실을 감내해야 한다. 하루하루가 배움의 연속이며 그 과정에서 투자자는 더욱 성숙해진다. 남들과 비교하지 말고 꿋꿋이 자신의 투자 철학을 지켜내는 것도 중요한 덕목이다. 조급함을 버리고 시간을 내 편으로 만드는 자세, 그것이 바로 평생수익을 만드는 힘이다.

실패를 성공으로 바꾸는 주식투자의 기술

에필로그

평생수익을 향한 여정을
시작하라

이 책을 통해 여러분이 배운 것은 단순한 주식 매매 기법이 아니다. 나는 이 책을 발판 삼아 여러분이 각자의 투자 관점과 태도를 재정비하기를 바란다. 단단한 철학 위에 세워진 행동 수칙만이 모진 풍파 속에서 흔들리지 않기 때문이다.

팜 시스템은 단기적인 시세 변동에 흔들리지 않고 장기적인 성장을 기다리는 철학이다. 우리가 씨앗을 심고 열매가 맺힐 때까지 기다리는 것처럼, 주식도 시간이 필요하다. 시장의 소음에 휘둘리지 않고 오직 자신만의 원칙을 지키며 꾸준히 나아갈 때, 우리는 비로소 주식투자의 진정한 의미를 깨달을 수 있다.

투자 과정에서 여러 번 실패하면서도 내가 포기하지 않고 매번 다시 도전할 수 있었던 것은 미래에 대한 긍정적인 자세와 나에 대한 믿음이 있었기 때문이다. 냉혹한 현실에 마음 다치고 자신에 대한 믿음이 흔들릴 때가 있겠지만 낙담하지 말고 자신이 심은 씨앗들이 결실을 맺는 모습을 지켜보겠다는 마음으로 버티길 바란다. 시장은 결코 우리를 쉽게 성공하게 두지 않는다. 오히려 수많은 도전과 실패를 안겨준다. 하지만 그 속에서도 성공하는 사람이 나오는 것은 결국 성공이 우리의 선택과 노력에 달려 있다는 뜻이다.

나는 팜 시스템을 통해 수많은 위기 속에서도 기회를 발견해왔다. 사람들이 두려움에 빠져 매도할 때, 나는 그 두려움 속에서 우량한 종목을 찾았다. 많은 이들이 탐욕에 가득 차 매수할 때, 나는 그들의 흥분을 경계하며 차분히 다음을 준비했다. 이 모든 것은 팜 시스템이라는 원칙에 기반해 이루어진 것이다. 이 책을 통해 습득한 원칙으로 여러분도 시장의 변동성 속에서 흔들리지 않고, 자기만의 길을 걸어갈 수 있을 것이다.

기회를 포착하고 두려움 없이 나아가는 용기, 투자자에게 그보다 중요한 것은 없다. 이 책에서 다룬 팜 시스템은 그 용기를 주기 위한 도구다. 여러분이 심은 씨앗이 커다란 나무로 성장한 모습을 보게 되면 투자 인생은 180도 달라지게 될 것이다. 내가 그랬던 것처럼 투자를 방해하는 불안한 마음, 미래에 대한 비관이 사라지고 용기와 믿음이 샘솟게 될 것이다. 이러한 마음가짐은 안정적인 투자 철학으로 이어지게 되고 결국 성공의 선순환

실패를 성공으로 바꾸는 주식투자의 기술

이 일어나게 된다. 잘 심은 씨앗 하나로 말이다.

이제 여러분의 투자 여정을 시작하자. 이 여정에서 수많은 도전과 어려움이 있겠지만, 그 모든 것을 극복하고 성장할 수 있다는 자신감을 가져라. 팜 시스템은 투자 전략일 뿐만 아니라 인생을 바라보는 방식이기도 하다. 꾸준히 씨앗을 심고 가꾸며, 비바람 속에서도 인내하는 것. 그것이야말로 팜 시스템의 진정한 가치다.

끝으로, 주식투자에서 성공하는 방법은 단 하나라는 점을 명심하자. 주식투자에서의 성공은 철저한 준비와 분석 위에서 시간이 만들어 내는 결과다. 여러분이 이 책을 통해 팜 시스템의 철학을 체득하고, 장기적인 성공을 이룰 수 있기를 바란다. 여러분 앞에 다가온 기회를 잡고 여러분의 씨앗이 아름다운 열매를 맺길 진심으로 응원한다.

실패를 성공으로 바꾸는 주식투자의 기술

부록

부자아빠와 일문일답

〈부자아빠와 일문일답〉은 2025년 2월과 3월에 걸쳐 저자가 출연한 유튜브 〈웅달책방〉 '일 평생 한 번 오는 기회 왔다, 무식하게 이 주식만 모으세요' 영상과 〈815머니톡〉 '2025년 미국보다 한국 주식이 미친 듯이 오른다!' 영상에서 다뤄진 내용 중 초보 주식 투자자들이 궁금해할 내용을 선별하고, 2025년 4월 10일 기준으로 시장 내용을 업데이트한 원고입니다.

Q. 국내 주식시장, 상승장 예측은 어떻게 할 수 있을까?

A. '악재'가 시장의 바닥을 만들고 이후 상승장이 시작되는 경우가 많다. 이는 시장이 미래를 선반영하는 특징이 있기 때문이다. 따라서 악재가 극심한 순간이 오히려 시장의 바닥이 될 가능성이 크다. 실제로 과거에 코로나19 팬데믹이라는 악재 이후 2020년 하반기부터 상승장이 시작되었다. 악재가 발생하면 개인 투자자들은 공포에 빠져 주식을 매도하지만 기관과 외국인 투자자, '큰손'들은 이를 저가 매수의 기회로 활용한다. 악재를 이용해 매집하는 전략이다.

2021년 코로나 팬데믹 이후 각국 정부가 대규모 유동성을 공급하면서 물가가 급등했고, 이에 대응하기 위해 미국은 2022년 공격적인 금리 인상을 단행했다. 글로벌 증시가 급락했고 한국 증시도 예외는 아니었다. 기술주는 미래 수익을 기대하는 구조이므로 금리 인상에 취약하다. 실제로 당시 삼성전자와 SK하이닉스 같은 반도체 대형주들의 주가가 크게 하락했다.

그러나 2023년 들어 미국 연준의 금리 인상 사이클이 막바지에 이르렀다고 판단되었고, 인플레이션이 점차 안정되면서 투자 심리가 회복되기 시작했다. 이때 반도체 업황 개선 기대감이 커지면서 큰손들이 삼성전자와 SK하이닉스를 대거 매수했다.

실패를 성공으로 바꾸는 주식투자의 기술

이후 AI 열풍이 불어 고성능 반도체 수요가 증가하면서 실제로 반도체 업황이 회복되었고 삼성전자와 SK하이닉스 주가는 크게 상승했다.

현재(2025년 3월) 국내 주식시장도 12·3 계엄 사태라는 악재 이후 안정을 찾아가고 있으니 눌림목이 나올 때마다 주도 업종을 매수하면 좋은 기회가 올 것이다. 평생에 한 번 만나기 어려운 장이다. 아무도 인정하지 않는 부정적인 상황 속에 큰돈을 벌 기회가 숨어 있다. 내 생각과 편견을 버리고 시세를 따라야 한다. 《주식 시세의 비밀》에서 다룬 《삼원금천비록》의 구절, "만인이면 만인 모두 비관적이면 상승의 이치를 품는 쌀이 된다"를 생각하자. 시장의 악재로 인해 투자자들이 패닉에 빠지는 때가 바로 투자의 적기다.

Q. 시장 회복을 기대하는 지금, 어느 종목에 주목하면 좋을까?

A. 주도 업종의 대장주를 선점하는 전략을 추천한다. 최근에는 글로벌 정세가 불안정해지면서 방위산업이 주목받고 있다. 특히 방산업은 경기 상황과 무관하게 정부의 지속적인 투자가 이루어지는 대표적인 경기 방어주라는 사실도 알아두면 좋다.

긍정적으로 검토해 볼 만한 섹터로는 바이오, 로봇, 건설, 엔터테인먼트를 꼽을 수 있다. 글로벌 트렌드와 각 산업의 혁신적 변화가 맞물려 높은 성장세를 보이고 있다. 현재 기준으로 앞으로도 주목할 가치가 있다고 평가한다.

Q. 섹터별 배분 전략을 어떻게 짜면 좋을까?

A. 지금은 바이오 10%, 로봇 10%, 건설 10%, 엔터테인먼트 10%, 방산 10%, 조선 10%, 금융 10%(은행과 증권은 배당을 많이 준다)로 배분하고 현금을 보유하는 전략을 추천한다. 이른바 '몰빵'하는 방식은 절대 추천하지 않는다.

Q. 한국 증시에서는 반도체 관련주들이 주도주 역할을 해왔는데 최근에는 주가 조정을 겪으며 주춤하고 있다. 그렇다면 지금이 반도체 주식을 저가 매수할 기회일까?

A. 많은 개인 투자자들이 기대하고 있는 것을 알고 있다. 반도체 주식을 오랫동안 연구한 관점에서 보면, 현재 인텔과 삼성전

실패를 성공으로 바꾸는 주식투자의 기술

자 같은 선두주자들의 성장세가 둔화하고 있는 상황은 마치 100년 전 GM과 포드가 정점을 찍고 내려온 것과 같은 흐름으로 볼 수 있다.

반도체 업종은 리먼 브라더스 사태 이후 이렇다 할 조정이 없이 장기간 오랫동안 상승해 조정 이후 다시 상승할 것이라는 학습 효과가 생긴 듯하다. 개인 투자자들에게 인기가 있는 반도체 업종 주식을 사면 누구든 수익이 날 수 있을 것이라는 확신과 자신감이 생긴 것이다. 그러나 시세의 원리로 볼 때 지독하게 시세가 나고 인기가 있는 주식은 오랫동안 투자자들을 실망시킬 수 있다는 사실을 기억해야 할 것이다.

많은 개인 투자자가 반도체 ETF인 SOXL을 매수했는데 주가는 여전히 전 고점을 넘지 못하고 있다. 반도체 업종 전반의 생명력이 점점 약해지고 있는 것이다. 따라서 현재 조정받고 있는 반도체 주도주들을 저가 매수할 기회라고 보는 것은 위험한 접근일 수 있다.

시세의 흐름을 고려할 때, 마지막으로 사줄 개인 투자자가 이미 많이 사서 보유한 종목이다. 이미 큰손이 충분히 팔아버린 상태일 가능성이 크며 이 상태에서는 추가적인 상승을 기대하기 어렵다. 개인 투자자는 언제나 '큰손이 사서 가격을 올려 파는 원리'를 명심하고 있어야 한다.

기대하는 종목에 대한 무조건적인 긍정론을 경계하고 시장의 본질적인 원리와 논리를 공부해 바닥과 천장을 구분할 수 있는 지식을 쌓는 것이 중요하다. 주식투자에서 막차를 타는 것만큼 어리석은 결정은 없으니 말이다.

Q. 최근 들어 2차전지 주식이 살아날 것이라 믿는 투자자가 많아졌는데 과연 그럴까?

A. 2차전지가 하락 중일 때 반등을 노리는 시도는 무리가 있어 보인다. 현재를 기준으로 에코프로비엠은 2023년 고점 이후 1년이 조금 넘는 기간 동안 하향 추세가 지속되고 있다. 태양광 업종인 OCI홀딩스는 2011년 주가가 52만 원대까지 오른 상투 이후 2020년 코로나19 팬데믹 시점까지 약 9년 동안 지속적으로 하락해 2만 원대까지 떨어졌다.

이렇게 인기 있던 종목의 하락 추세가 오랫동안 이어진다는 사실을 기억하면 굳이 일시적 반등에 올라타는 시도는 하지 않는 게 좋을 것이다.

시세의 원리를 공부한 투자자라면 주가가 상투를 치고 하락할 때 어디까지 하락할지 예측하는 것이 무의미하다는 사실을

실패를 성공으로 바꾸는 주식투자의 기술

알아야 한다. 지금은 2차전지의 하락이 어디까지 갈지 예측이 되지 않는 상황이다. 투자자들이 희망을 가지고 원금이 회복되기를 기다리고 있다면 아직 바닥은 멀었다고 봐야 할 것이다. 도무지 납득되지 않는 상황에 이르러 모두가 포기할 때까지 하락할 수 있음을 알아야 한다. 이것이 바로 시세의 원리다. 2차전지 업종 주식은 이미 실적과 성장성이 주가에 반영되었다고 보는 것이 바람직하다.

2차전지는 갑이 아닌 을의 처지라는 것도 생각해야 한다. 예를 들어 테슬라가 2차전지 기업에 가격을 깎아달라고 하면 2차전지 기업은 그 요구를 받아들일 수밖에 없는 것이다. 2차전지 시장에서 기업들이 경쟁을 벌이며 서로 물러서지 않는 이른바 치킨게임 상황이 펼쳐지고 그로 인해 비관론이 만연해질 때, 바로 그 시기에 사면 된다.

그 시기가 언제 올지는 지금 시점에서 누구도 단언할 수 없다. 이럴 때 중요한 것은 확실한 때를 기다리는 인내심이다. 반등을 기대하며 섣불리 들어가기보다, 시장이 보내오는 신호를 차분히 관찰하는 태도가 필요하다. 기회는 확실한 공포 속에서 잡아야 한다.

Q. 현명한 매수매도를 위해 알아두어야 하는 전략은 무엇일까?

A. '신고가를 기록한 종목'에 주목해야 한다. 신고가란 해당 종목이 과거의 최고가를 경신한 시점의 가격을 말한다. 과거 최고가를 돌파하는 순간, 시장에서 긍정적 평가를 받고 추가적인 상승 여력이 있을 가능성이 크다. 해당 종목을 매수하고 나서는 고점에 과감히 매도해 수익을 실현해야 한다. 상승 추세 속에서 거래량이 실제로 크게 늘고 유튜브 등에서 너도나도 해당 종목에 관해 이야기하기 시작하는 때가 바로 팔아야 하는 고점이다.

팜 시스템은 이렇게 신고가가 난 종목과 저점에서 매수한 종목을 균형 있게 포트폴리오에 포함하는 방식으로 꾸준한 수익률을 도모하고 장기적으로 시장수익률을 초과하는 방향으로 나아간다.

Q. 초보 투자자들이 특히 명심해야 할 점은?

A. 앞서 이야기한 것과 같은 맥락에서 적기에 주식을 파는 전략이 중요하다는 이야기를 하고 싶다. 많은 초보 투자자가 탐욕을 부리다가 고점에 매도할 기회를 잃는다. 장기 투자의 대가

실패를 성공으로 바꾸는 주식투자의 기술

워런 버핏도 2024년 4분기에 S&P500 ETF를 전량 매도했다. 보유하고 있던 SPDR S&P500(SPY), 뱅가드 S&P500(VOO)을 전부 판 것이다. 그는 왜 이런 결정을 내렸을까? S&P500 지수가 역사적 고점 수준에 도달하면서, 현재 시장이 지나치게 고평가되어 있다고 판단했을 가능성이 크다.

그의 행보는 S&P500 ETF를 '적립식으로 오랫동안 사 모아야 하는 주식'으로 여기고 있던 많은 사람에게 큰 충격을 안겼다. 그러나 그는 과거 2007년에도 중국의 시가총액 1위 페트로차이나를 매도했고, 같은 해에 우리나라 포스코(POSCO홀딩스)를 "세계에서 가장 효율적인 철강사"로 평가한 뒤 포스코 주가가 상승하자 보유 주식을 매도했다. 이렇듯 장기 투자하더라도 고점에서 과감히 매도하는 용기가 필요하다.

Q. 매도 타이밍을 잡기가 어려운 주도주, 대체 언제 매도해야 할까?

A. 주도주라면 이전 고점을 돌파할 때마다 매수하다가 '쌍봉'이 나올 때까지 기다리는 인내가 필요하다. 2003년부터 2007년까지 당시 주도 업종 중 하나였던 조선업종의 대장주 HD한국

조선해양은 주가가 1만 원대에서 출발해 50만 원대까지 상승
했다. 다음의 월간차트를 보면 알 수 있듯이 주도주는 상승 추
세가 보이기 시작하면 고점이 어디일지 예측하기보다는 쌍봉
의 모양이 나타날 때까지 또는 지붕을 보고 어깨에서 매도한다
는 생각으로 꾸준히 보유하는 것이 중요하다. 주도주는 매번 상
투처럼 보이지만 투자자들이 생각한 그 이상으로 상승할 수 있
다는 사실을 알아야 한다. 바로 이것이 시세의 원리이자 시세에
순응하는 자세다.

| HD한국조선해양 월간차트 |

실패를 성공으로 바꾸는 주식투자의 기술

Q. 정말 모든 종목의 차트를 봐야 할까?

A. 전 종목의 월간차트를 매일 분석해야 하는 이유는 주가가 6~9개월 후의 상황을 선반영해서 먼저 움직이기 때문이다. 따라서 기본적 분석도 중요하지만 기술적 분석(차트 분석)이 먼저 이루어져야 한다. 어느 종목의 실적이 좋아지거나 나빠질 때는 주가가 먼저 알고 움직인다는 사실을 알아야 한다. 실적이 좋아졌을 때 사면 이미 늦었다. 투자자들이 이러한 이치를 잘 모르기 때문에 다른 모든 투자자에게 인기가 있을 때, 고점에서 주식을 산다.

차트를 보고 이른바 '망한 주식'을 찾는 것도 중요한 전략이다. 폭락주에서 대박주가 나기 때문이다. 다만 상황이 일시적으로 나쁜 것이 아니라 계속 나쁘다가 망해버릴 수도 있으니 한 가지 조건을 따져보아야 한다. '유의미한 업력을 가지고 있고 자금력이 있는 믿을 만한 그룹의 계열사'인지 확인하자. SK하이닉스, 기아, 현대모비스, 최근에는 코오롱티슈진이 망했다가 대박이 났다. 전부 믿을 만한 그룹의 계열사에 해당한다.

대박주는 주가가 바닥인 위치에서 제대로 된 평가가 이루어지고 있지 않은 경우가 많다. 이러한 특성을 잘 알고 있다면 망한다는 소리가 들려오는 기업에 투자금 일부를 할애하는 것도 좋은 방법이 될 것이다.

Q. 마지막으로 초보 투자자에게 조언하고 싶은 한마디

A. 언제나 '불편한 주식'을 주목하라고 강조하고 싶다. 불편한 주식은 기업 매출도 좋고, 배당도 잘 주지만 주가가 잘 오르지 않아서 마음 편히 보유하기가 쉽지 않은 주식을 말한다. 고점에서 10만 원대를 기록한 현대건설은 그 이전에는 관리 종목으로 주가가 5,000원대였다. 이때부터 큰 상승 없이 하락하거나 횡보하면서 약 17년간 조정을 받았다. 현대건설은 조정 기간에 매출도 잘 나고 배당도 주고 있었으나 주가는 계속 하락하는, 그야말로 '불편한 주식'이었다.

현대건설 일간차트를 보면 2020년 3월 코로나19 팬데믹 때 바닥을 형성하고 이후 2024년 12·3 계엄 사태 때 두 번째 바닥을 형성했음을 알 수 있다. 이 두 번의 자리는 많은 이가 기피하는, 사고 싶은 마음이 들지 않는 불편한 자리였다. 바닥은 늘 불편해서 매수를 마음먹기가 쉽지 않다. 나는 이런 불편한 자리를 적극적으로 공략해서 지금까지도 보유하는 전략을 취하고 있다.

실패를 성공으로 바꾸는 주식투자의 기술

최고가: 60,227(2021/07/06)

최저가: 18,632(2020/03/23)

| 현대건설 일간차트 |

초보 투자자를 위한 부자아빠의 핵심 트레이닝

실패를 성공으로 바꾸는 주식투자의 기술

초판 1쇄 발행 2025년 5월 13일
초판 2쇄 발행 2025년 5월 20일

지은이 부자아빠 정재호

펴낸이 임경진, 권영선
편집 여인영, 김민진 **마케팅** 최지은, 배희주

펴낸곳 ㈜프런트페이지
출판등록 2022년 2월 3일 제2022-000020호
주소 경기도 파주시 회동길 37-20, 204호
전화 070-8666-6190(편집), 031-942-0203(영업)
팩스 070-7966-3022
메일 book@frontpage.co.kr

ⓒ 정재호, 2025

ISBN 979-11-93401-45-3 (03320)

만든 사람들
편집 여인영 **디자인** 유어텍스트 **제작** 357제작소 **마케팅** 최지은, 배희주